À PROPOS DE L'AUTRICE

Rêveuse dans l'âme et passionnée de littérature, **Eugénie Dielens** imagine des histoires depuis l'adolescence. Si elle a commencé à livrer ses premiers textes sur Wattpad, elle est aujourd'hui une autrice reconnue du monde de l'édition.

Girl Boss

EUGÉNIE DIELENS

Girl Boss

Harper
Collins
POCHE

© 2023, HarperCollins France.

Tous droits réservés, y compris le droit de reproduction de tout ou partie de l'ouvrage, sous quelque forme que ce soit.

Toute représentation ou reproduction, par quelque procédé que ce soit, constituerait une contrefaçon sanctionnée par les articles 425 et suivants du Code pénal.

Cette œuvre est une œuvre de fiction. Les noms propres, les personnages, les lieux, les intrigues sont soit le fruit de l'imagination de l'auteur, soit utilisés dans le cadre d'une œuvre de fiction. Toute ressemblance avec des personnes réelles, vivantes ou décédées, des entreprises, des événements ou des lieux serait une pure coïncidence.

HARPERCOLLINS FRANCE
83-85, boulevard Vincent-Auriol, 75646 PARIS CEDEX 13
Tél. : 01 42 16 63 63

www.harpercollins.fr

ISBN 979-1-0339-1735-9

À toutes celles et ceux qui se sont un jour senti impuissants, vous avez le pouvoir sur votre vie.

Playlist ♪

Flowers – Miley Cyrus
I will Survive – Gloria Gaynor
Single Ladies – Beyoncé
I Hate The Way – Sofia Carson
Don't Blame Me – Taylor Swift
Castle – Halsey
Sorry Not Sorry – Demi Lovato
Boyfriend – Dove Cameron
God is a woman – Ariana Grande
New Americana – Halsey
Jealousy, Jealousy – Olivia Rodrigo
Come Back Home – Sofia Carson
Don't Call Me Angel – Ariana Grande, Miley Cyrus, Lana Del Rey
Kings & Queens – Ava Max
Good 4 u – Olivia Rodrigo
Walls Could Talk – Halsey
Why Do You Love Me – Charlotte Lawrence
L*** Is A Bad Word – Kiiara
Rumour Has It – Adele
Ready For It – Taylor Swift
abcdefu – GAYLE
I Did Something Bad – Taylor Swift
Confident – Demi Lovato
Thumbs – Sabrina Carpenter
Like My Father - Jax
Bad Blood – Taylor Swift
Made You Look – Meghan Trainor
Victoria's Secret – Jax
I'm Good – Bebe Rexha
Look What You Made Me Do – Taylor Swift

Applause – Sofia Carson
Power – Little Mix
Bo$$ - Fifth Harmony
Bang Bang – Jessie J, Ariana Grande, Nicki Minaj
Most Girls - Hailee Steinfeld
This Is What You Came For – Calvin Harris, Rihanna
S&M – Rihanna
Woman – Harry Styles
Golden Age – J. Maya

PARTIE I

Suis-moi, je te fuis

Chapitre 1

Mia

Je ne suis pas prête. Je n'aurais même jamais dû accepter cette proposition. Comment une jeune femme de vingt-quatre ans pourrait-elle diriger une entreprise aussi grande que la O'Leary Corporation ? C'est impossible. J'aime l'humanitaire, là n'est pas le problème, mais gérer toute une société spécialisée dans ce milieu… ? Échouer serait une catastrophe. J'ai vécu toute ma vie en étant persuadée qu'un jour j'en ferais partie, mais je ne suis plus si sûre que ce soit une bonne idée, à présent.

— Mia, regarde-moi.

La voix de Lexy me tire de mes pensées. Je suis en train de paniquer. Ça ne m'arrive que rarement, car je suis plutôt sûre de moi, en règle générale. Mais, lorsque je perds le contrôle, j'ai du mal à reprendre pied. J'inspire profondément avant de planter mon regard dans celui de ma belle-sœur. Je crois que, si elle n'était pas là, il y aurait déjà longtemps que j'aurais fui les locaux pour me terrer dans mon appartement, et non dans le bureau de mon futur assistant. Lexy m'observe, l'air aussi bienveillant qu'au premier jour, tout en caressant son ventre arrondi.

— Il faut que tu respires. Tout va bien se passer. Tu as déjà prouvé que tu en étais capable.

Je ne le crois pas. Je n'étais pas destinée à diriger cette entreprise, car je ne suis pas l'aînée. Mon frère, Hayden, faisait ça à la perfection. Il a suivi de longues études, s'est préparé toute sa vie pour ce rôle… Et c'est uniquement pour cela que j'ai accepté de devenir son associée, parce que je le faisais avec lui. Or, à l'annonce de la grossesse de Lexy, sa femme, il a démissionné sur un coup de tête. Il a tout lâché pour prendre le poste d'un simple employé dans notre branche événementielle, comme si j'étais prête à gérer tout ça seule !

— Je pense que Hayden s'est trompé. Je ne suis pas faite pour ça, déclaré-je en respirant trop rapidement.

Ma belle-sœur lâche un rire cristallin, visiblement très amusée par mes lamentations. Mes propos sont tout ce qu'il y a de plus sérieux, pourtant, et surtout je ne suis pas la seule à penser que c'est au-dessus de mes moyens.

— Mia, tu gères tout ça depuis des mois. On sait toutes les deux que Hayden t'a peu à peu laissé les rênes pour passer plus de temps avec ma fille. Sa démission n'était qu'une formalité. Comment veux-tu que ça n'aille pas ? Et depuis quand tu doutes ? Je croyais que pouvoir prouver qu'une femme en était capable était une idée qui te plaisait !

À ces mots, mes épaules s'affaissent. Bon sang. Elle a totalement raison. Je voulais prouver à tous que ce n'est pas parce que je n'ai pas les diplômes et que je suis jeune que je ne suis pas capable de réussir. J'ai appris aux côtés de Hayden, je baigne dans ce milieu depuis ma naissance, bien sûr, que j'en suis capable. Ma mère a créé et dirigé cette entreprise avant mon frère, elle l'a fait en étant déjà mère de deux enfants. Alors, si elle a réussi, je le peux aussi. Je veux reprendre le flambeau, lui faire honneur, je ne pourrais pas le faire en me lamentant sur mes difficultés. Ce sont les doutes des collaborateurs qui me montent à la tête, et je dois les faire taire.

Je m'assieds face à Lexy, le cœur battant à tout rompre.

— Tu as totalement raison. Je dois juste me détendre, je crois… Ce n'est pas le moment de baisser les bras.

Ma belle-sœur me tend la main, le visage fatigué par la fin de sa grossesse, et je l'attrape, un peu plus sereine en sa présence. C'est elle qui m'a permis de me trouver. Quand elle est arrivée dans l'entreprise, elle a d'abord été assistante pour mon frère, puis m'a formée pour que je travaille à ses côtés avant qu'elle devienne directrice des ressources humaines. Elle m'a soutenue plus que nul autre ; sans elle et Hayden, je n'en serais certainement pas là. Certains considèrent leur belle-sœur comme une simple pièce rapportée ; à mes yeux, Lexy est la sœur que je n'ai jamais eue.

— Qu'est-ce que tu fais là, d'ailleurs ? Tu n'es pas censée être en congé jusqu'à l'arrivée du bébé ?

Hayden a insisté pour qu'elle ne travaille plus jusqu'à l'accouchement, et Lexy a difficilement pu refuser. Quand mon frère veut quelque chose, il est difficile de lui dire non, pourtant, Lexy semble avoir réussi à n'en faire qu'à sa tête.

— Hayden et Avery ont décidé de me faire une surprise et de décorer la chambre, j'ai voulu les laisser un peu en tête à tête, donc j'ai trouvé un endroit pour me poser en attendant.

Un large sourire étire mes lèvres. Je ne suis pas surprise par cette information. Avery est la fille de Lexy, pas celle de Hayden, pourtant, celui-ci la considère tout comme, et leur relation est touchante, fusionnelle. Même moi, je la considère comme ma nièce.

— Alors ce bureau est à toi le temps que tu voudras, mais que je ne te voie pas toucher aux ordinateurs, compris ?

Lexy a beaucoup de mal à lâcher prise. On a bien trouvé une remplaçante pour quelques mois, mais elle se sent toujours obligée de vérifier ce qui est fait. Elle a peur de l'erreur, d'être prise pour la femme du patron qui a encore besoin de faire ses preuves, alors que tout le monde ici la sait compétente.

— Promis, je reste sage. En attendant, tu as de la visite... dans ton bureau.

Je fronce les sourcils, persuadée que je n'avais pourtant aucun rendez-vous prévu dans la journée. *Est-ce que j'aurais fait une erreur pareille ?*

— Qui donc ?

— Va voir et tu sauras.

Un rire amusé m'échappe. À tous les coups et vu le sourire de ma belle-sœur, il s'agit d'une bêtise. Je quitte alors ce petit bureau pour rejoindre le mien, juste à côté, et m'attends vraiment à y découvrir ma mère, ou encore mon père venu me surprendre. Je pousse la porte sans attendre, mais lorsque je découvre la personne qui se trouve face à moi, tout mon corps se fige. Des cheveux bruns bouclés, une fine barbe de trois jours, un torse imposant contre lequel je me suis trop blottie...

Je rêve.

— Qu'est-ce que tu fais ici ? demandé-je un peu sèchement.

— Très heureux de te revoir, *Miamor*. J'attends toujours ta réponse à ma dernière lettre.

Je croise les bras contre ma poitrine, avec la soudaine envie de me cacher du regard de Max. Le meilleur ami de mon frère n'a rien à faire ici. Il est censé être en France, en train de développer notre filiale européenne, et c'est pour ça que je n'ai jamais répondu à ses courriers. Avec la distance, je me moquais de couper les ponts. L'avoir face à moi change la donne. D'autant plus que je refuse d'avouer que le voir dans ce costume bleu marine me fait de l'effet, et que son regard whisky me fait toujours autant perdre mes moyens.

— Tu risques d'attendre encore longtemps pour ma réponse. Je peux connaître la raison de ta visite ? Si c'est pour voir Hayden, j'espère qu'il t'a prévenu qu'il ne travaillait plus en tant que chef d'entreprise.

Je m'approche de mon bureau tout en parlant, puis tente de remettre de l'ordre dans mes papiers pour faire quelque chose de mes mains. Mais, avant que je n'aie vraiment pu faire quoi que ce soit, Max s'approche de moi jusqu'à se placer dans mon dos, les mains sur mes hanches, et il dépose ses lèvres dans mon cou en créant tout un tas de frissons sur mon épiderme. Je suis bien incapable de le repousser, une centaine de souvenirs de nous deux remontent à la surface.

— Ne me dis pas que tu n'es pas contente de me voir… susurre-t-il.

— Il me semble t'avoir dit que c'était terminé entre nous, dis-je dans un souffle.

— Et, dans la dernière lettre que nous avons échangée, je t'ai dit que je n'étais pas prêt à renoncer à toi. Peu importe ce qu'en pense ton frère.

Je m'écarte vivement de lui en entendant ses propos. Alors voilà pourquoi il est revenu. Il n'a pas supporté que je mette fin à notre relation. Nous avons échangé pendant des mois et des mois. Quand nous nous retrouvions, nous finissions toujours nus dans un lit… Jusqu'à ce que tout se complique. Je ne l'ai pas quitté parce que mon frère n'accepterait pas que je sorte avec son meilleur ami, je l'ai fait pour moi. Et je n'ai pas besoin de me justifier.

Max me fixe de son regard charmeur, et je le détaille comme si je ne l'avais pas vu depuis des années. J'ai toujours aimé passer mes mains dans ses cheveux bruns bouclés, et observer son visage parsemé de taches de rousseur. Sans compter ses lunettes, qui lui donnent un air bien trop sexy pour être réel. Mais peu importe à quel point je le trouve attirant, plus rien n'est possible entre nous, il faut qu'il le comprenne.

— Max, je t'ai dit que ça ne marcherait plus.
— Je sais lire, *Miamor*.
— Arrête avec ce surnom.
— Sinon quoi ? Tu comptes me forcer ?

Je lui jette un regard noir, de ceux que je lui réservais bien avant que nous nous rapprochions, à l'époque où je le détestais. Il était si arrogant... mais c'est peut-être même ce trait de caractère qui m'a fait craquer la première fois.

Max me sourit, visiblement amusé de constater qu'il me fait toujours autant d'effet, puis se pose à mon bureau comme si de rien n'était.

— Bien que je sois très heureux de te retrouver, *Miamor*, je suis là à la demande de ton frère.

— Pardon ?

Je ne peux pas croire que Hayden ait appelé Max sans m'en parler. Il ne sait pas ce qui se passe entre nous, mais je suis quand même à la tête de cette entreprise, j'ai mon mot à dire, bon sang ! Et c'est très exactement ce genre d'actes qui me fait douter de mes capacités, parce que mon propre frère ne me fait pas confiance.

— Notre partie française se porte à merveille, et ils n'ont plus besoin de moi, explique Max. Hayden m'a annoncé la grossesse de sa femme, et en a profité pour me demander de rejoindre les rangs de la filiale principale, annonce-t-il fièrement.

Je le dévisage, avec un mélange de colère et de déception. Hayden aurait dû me prévenir. Surtout à présent que je suis seule à gérer tout ceci, c'est à moi de prendre les décisions. Et voir Max et son air narquois dans mon bureau ne fait que m'énerver un peu plus.

— Et je peux savoir ce que tu comptes faire ici ? Nous n'avons aucun poste à pourvoir pour toi.

— Bien sûr que si. J'ai cru comprendre que le bureau à côté du tien était libre.

Un rire m'échappe sans que je ne le contrôle.

— Tu veux être mon assistant ? Est-ce que tu as bu, Max ?

Je prends place face à lui, là où mes clients sont censés s'asseoir. Max, mon assistant ? Ce ne serait qu'une vaste blague. Il a l'étoffe d'un chef d'entreprise, et je n'ai de toute façon pas envie de travailler avec lui. Le brun en face de moi ne se démonte pas.

— J'ai déjà vu ça avec Hayden. Je ne serai pas ton assistant mais ton bras droit.

Je suis certaine que le sang a déserté mon visage et que mon teint est à présent livide. Bras droit. Hayden m'a collé dans les pattes mon ancien amant pour bras droit…

— C'est non, déclaré-je froidement. Je ne veux pas de toi dans les parages, je me débrouille parfaitement seule. Et ce n'est pas négociable.

C'est un mensonge. En réalité, j'ai peur d'être dépassée. Mais je préfère de loin me démener que d'accepter de travailler avec Max. Ça n'apportera rien de bon, à part des histoires.

— En fait, tu n'as pas le choix, Lexy s'est occupé de tout, en ce qui concerne mon contrat d'embauche.

Alors voilà pourquoi elle est ici… Je grogne, avec l'impression d'être prise au piège. Si Hayden a l'excuse de ne pas savoir ce qu'il y a eu avec Max, Lexy, elle, le sait pertinemment. Je suis persuadée qu'elle a fait tout ça pour tenter de nous rapprocher.

— Alors je te demanderai de ne pas te mettre en travers de mon chemin, rétorqué-je, vaincue. Je travaille mieux seule.

— Dommage, parce que notre première mission doit se faire à deux. Il est question d'organiser une réception pour mon retour. Qu'en dis-tu, *partenaire* ?

Je serre les dents de toutes mes forces. Il se rit de moi. Il sait parfaitement que je déteste que l'on me force à être près de lui, parce que je ne suis pas sûre de résister à ses avances. Je suis même certaine qu'il a l'intention de profiter de cette faiblesse pour me faire revenir sur ma décision.

— J'en dis que j'ai du travail et que tu es sur ma chaise. Alors bouge.

Je me lève pour rejoindre l'autre côté du bureau et j'attends patiemment que Max daigne se lever. Mais il n'en fait rien, au contraire, il passe ses mains derrière mes cuisses pour me rapprocher de lui, et je grogne en me retrouvant à califourchon sur ses genoux. *Pourquoi doit-on toujours finir dans ce genre de situations ?*

— Ce n'est pas en te comportant comme ça que tu vas être accepté ici, Max. Nous ne sommes pas chez toi, en France. C'est sérieux, ici.

Il me fixe de son regard couleur whisky, visiblement très amusé par notre proximité, que je suis incapable de rompre.

— Allez, Mia, dis-moi quel est le vrai problème. Depuis quand tu ne parles plus ?

— Dans mes souvenirs, on ne parlait pas beaucoup quand on était ensemble.

Il lâche un rire rauque face à ma tentative d'humour, et je me retiens de sourire face à la vérité que je viens de sortir. *Non, c'est sûr que nous étions plus occupés à autre chose.*

— C'est vrai, mais on pourrait changer ça.

Je m'approche doucement de son visage, le regard planté dans le sien. Max sourit un peu plus en m'imaginant sûrement l'embrasser, et lorsque mes lèvres frôlent les siennes je pose une main sur son érection, le regard noir.

— Bouge. De. Ma. Chaise. Sinon, je t'assure que ce sera moins drôle. Compris ?

Un nouveau rire lui échappe avant qu'il ne se lève en me soulevant de façon à me tenir contre lui. Je tente de le repousser, mais il me maintient pour ne pas me faire tomber.

— Si tu ne me reposes pas, je hurle.

— Super, comme ça, ils penseront qu'on s'envoie en l'air.

Je le frappe sur le torse sans réfléchir, et Max lâche prise, me faisant tomber au sol.

— Putain !

— Tu m'as demandé de te lâcher, Mia !

Je me redresse en le fusillant du regard. Il me cherche, et il va réussir à me trouver. Ce n'est qu'un gamin qui n'a rien à faire ici !

— Sors de ce bureau, j'ai du travail.

Max se rapproche à nouveau, les mains dans les poches de son costume bleu marine. Je déteste savoir qu'il va rester ici.

— Aucun souci, cheffe. On se verra de toute façon d'ici peu pour l'organisation de cette soirée.

— Pour le moment, je préfère que tu dégages, déclaré-je calmement.

— Et je respecte ça. Mais on va se croiser tous les jours, *Miamor*, il va falloir t'y habituer. Et, crois-moi, je n'ai pas dit mon dernier mot.

Max me frôle tout en me contournant, et je reste bien droite, trop tendue pour que ce soit naturel. Il me fait de l'effet, même après tout ce temps, rien ne sert de le nier. Malgré tout, il n'y aura plus rien entre nous. Et il vaut mieux que ça reste ainsi. Surtout si je dois le supporter comme employé…

Chapitre 2

Max

C'est le sourire aux lèvres que j'arrive à l'adresse indiquée dans le message de mon meilleur ami. Je suis rentré de France ce matin, assez tôt, et j'ai préféré aller directement au bureau avant de passer voir Hayden. Je savais que, si Mia apprenait mon retour avant que je n'aie signé mon contrat de travail, elle tenterait de me mettre dehors. Sa dernière lettre à mon intention était assez claire, elle ne voulait plus que l'on se côtoie. Pourquoi ? Je n'en ai pas la moindre idée. Tout se déroulait à la perfection jusqu'à il y a quelques mois, ce qui signifie que quelque chose a forcément fait basculer la balance en ma défaveur. Et je compte bien découvrir quoi.

J'ai rencontré Mia quand elle avait quatorze ans, j'en avais dix-neuf, et Hayden, vingt. C'était une gamine insupportable. Elle finissait toujours aux flics pour ses conneries de piratage, et c'était une emmerdeuse de première, surtout lorsque nous rentrions de la fac. Nous n'avions absolument aucun point commun. Mais, il y a trois ans, ses parents l'ont envoyée dans un pensionnat en France pour qu'elle obtienne son diplôme. Sans surprise, elle a réussi à se faire virer. Elle a ensuite passé un peu de temps là-bas et, puisque j'étais sa seule connaissance sur place, nous avons commencé à sortir aux mêmes endroits. Puis, de fil en aiguille… nous nous sommes rapprochés, jusqu'à ce qu'elle finisse dans mon lit. De nombreuses fois.

Quand elle est rentrée à New York, nous avons continué à échanger par lettres, de façon plus ou moins innocente. Ça l'amusait beaucoup, et du moment que j'avais des nouvelles… tout me convenait. Je pensais que, lorsque je reviendrais sur le territoire, elle en parlerait à Hayden et que nous pourrions commencer quelque chose ensemble, mais je me trompais. Elle m'a envoyé une dernière lettre il y a quelques mois pour me dire que ce n'était plus possible entre nous, sans explication. C'est mal me connaître. J'ai un plan bien précis en tête pour la reconquérir.

Je me gare devant une grande maison de ville, peu surpris de découvrir que mon meilleur ami a troqué son penthouse pour une maison de ville qui lui permet d'avoir sa vie de famille parfaite. Je m'approche de la porte d'entrée, amusé de découvrir des jeux éparpillés un peu partout dans le jardin, et avant que je n'aie pu atteindre la porte une tornade me fonce dessus.

— Clochette, nooooon !

J'attrape la boule de poils pour l'empêcher de me sauter dessus, et Avery s'arrête à mon niveau, l'air coupable.

— Pardon, Max, je voulais pas…

— C'est rien, ne t'en fais pas. Fais juste attention à ce qu'elle ne sorte pas dans la rue, OK ?

Avery hoche la tête et je relâche le chien. La première fois que j'ai rencontré la belle-fille de Hayden, elle avait sept ans et venait d'avoir sa chienne. C'était lors de la demande en mariage de mon meilleur ami à Lexy, l'année dernière. Je n'ai pas eu beaucoup d'occasions de la revoir depuis, je me sens flatté qu'elle se souvienne de moi.

— Tu veux que je dise à papa que tu es là ? propose-t-elle.

Je hausse les sourcils, surpris qu'elle appelle Hayden de cette façon. Je ne peux pas dire que je ne l'avais pas vu venir, après tout, il l'aime comme sa propre fille… Mais c'est un pas en avant qui doit certainement le rendre encore plus heureux qu'il ne l'était déjà. Je suis Avery jusqu'à l'intérieur de la maison, pressé de retrouver celui que je considère comme un frère.

On est loin, mais alors très loin du style de l'ancienne baraque de mon meilleur ami. C'est spacieux, mais familial, organisé... Et tout est prêt pour accueillir un nouveau-né.

Je n'aurais jamais pensé voir Hayd se caser si vite.

— Max est arrivé ! hurle Avery une fois au centre du salon.

— Avery ! On a dit quoi sur le fait de crier dans la maison ?

Mon pote débarque, un sourcil haussé et l'air mécontent. Pourtant, je sais qu'il joue la comédie. Je l'ai suffisamment vu se mettre en colère contre ses employés pour savoir que ce n'est qu'une apparence ici. Il est incapable de résister à la petite tête rousse qui se tient face à lui.

— Tu as dit que, lorsque ma petite sœur serait là, je ne pourrais plus crier n'importe quand au risque de la réveiller. Mais elle n'est pas encore née, et personne ne dort. Du coup, je peux crier, non ?

Hayden appuie son pouce et son index sur l'arête de son nez. Je ne peux alors m'empêcher de rire de façon peu discrète, ce qui me vaut un sourire satisfait de la part d'Avery. J'avais entendu de la bouche de mon meilleur ami que la petite était rusée, je ne l'avais pas encore constaté directement. Je le comprends mieux, à présent.

— OK, alors on change les règles : on ne crie pas dans la maison. Jamais. Si tu me cherches, tu te déplaces.

— Et si j'ai mal au pied ?

— Avery... Insolence...

La petite fripouille se mord la lèvre, parfaitement consciente de ce qu'elle fait, et je tente de contenir les moqueries qui me viennent en tête en voyant mon meilleur ami dans son rôle de papa autoritaire.

Elle finit par abdiquer :

— D'accord, je ne crierai plus. Je vais retourner dans le jardin, Clochette n'a pas encore trouvé le jouet que j'ai caché.

Sur ces mots, elle part en courant dans l'autre sens, me laissant seul avec mon meilleur ami, et un rire m'échappe face à son air renfrogné.

— Je t'interdis de te moquer.

— Dans tes rêves, mon vieux ! « Avery… Insolence… » Une voix un peu plus grave et je croirais entendre ton père !

Même lui n'arrive pas à contenir son hilarité. C'est l'une des phrases de parents que je déteste le plus, le voir la prononcer est très drôle. Je suis certain que lui aussi a du mal à croire qu'il a basculé de ce côté-ci, désormais.

— C'est bon, je l'admets, dit-il, tout sourire, je suis devenu le genre de père dont on se moquait quand on était gamins. Tu verras, le jour où tu auras des enfants.

— Je crois que j'ai encore le temps pour ça. Alors, comment se passe ta vie de presque homme au foyer ?

Hayden m'attire jusqu'à la cuisine ouverte pour me servir un café, et je me pose sur l'une des chaises autour de l'îlot central. Si mon ami n'avait pas autant la bougeotte, je suis persuadé qu'il aurait adoré se consacrer à sa vie de famille comme père au foyer, il a toujours été en phase avec ça. Il dépose une tasse fumante face à moi, un large sourire aux lèvres.

— J'avais peur de m'ennuyer, avoue-t-il. J'ai tenté une transition douce grâce à Mia, en lui laissant de plus en plus de responsabilités, mais passer de chef d'entreprise à simple employé… C'est un changement radical.

— Et tu ne regrettes pas d'avoir laissé ta place ?

Je ne doute pas de Mia, loin de là. Lorsque je l'ai connue, je pensais qu'elle était le genre de fille à jouer les trouble-fêtes. Puis, en grandissant et en apprenant à la connaître, j'ai vite compris que le système scolaire ne lui convenait pas et qu'elle avait une tête suffisamment remplie pour se débrouiller sans diplôme. Hayden aussi a su voir ça.

— Non, me répond-il. Je travaille la journée en même temps que Lexy lorsque Avery est à l'école, et je peux rentrer le soir et profiter de ma femme sans avoir à courir partout. J'ai trouvé le juste équilibre, en fin de compte.

Il semble heureux. Bien plus qu'à l'époque où il tenait encore les rênes de la O'Leary Corporation. On s'amusait, évidemment, on sortait pas mal quand j'étais encore là… On avait même quelques amis, Jake, Stiles… Mais ce n'était pas comparable au bonheur pur qui semble l'habiter aujourd'hui.

— Je suis sincèrement heureux pour toi, mon vieux.

— Je te souhaite la même chose, déclare-t-il sérieusement.

— Oh ! je ne suis pas pressé. Et puis je sais déjà que tous mes potes seront casés avant moi !

— Ne dis pas ça, je pense que ma sœur peut facilement te battre à ce jeu !

Un sourire étire mes lèvres. L'idée d'abandonner mon célibat pour elle est plutôt tentante, je dois l'avouer. Et voir Hayden aborder le sujet de sa sœur est l'occasion parfaite pour tenter d'en savoir plus sur elle.

— Ah oui, Mia n'a personne dans sa vie ?

Le contraire expliquerait sans doute qu'elle me rejette depuis des semaines. Après tout, on ne quitte pas un si bon coup sans bonne raison… Même si c'est celle qui m'arrangerait le moins. Hayden secoue la tête et je tente de contenir mon air satisfait.

— Non, elle n'a personne. Et ne va pas croire que j'ignore que vous vous êtes tourné autour, Max.

Hayden me renvoie ce regard dont il a le secret, celui qui empêche toute personne de le contredire. Ce n'est pas pour rien qu'il a été un si bon chef d'entreprise ces dernières années. Je déglutis péniblement en observant mon meilleur ami, un peu coupable de ne pas être celui qui lui en a parlé le premier. J'aurais préféré lui apprendre autrement, en discuter directement avec lui… mais je suppose qu'il n'y a pas de bonne occasion pour tenter d'obtenir son aval.

— Hum… Rapidement, quand nous étions en France, rien de bien poussé, rétorqué-je. C'est pour ça que je ne t'en avais pas parlé.

— Tu as le droit d'avoir tes secrets, Max. Maintenant que je le sais, tout va bien.

— Je suis content que tu le prennes si bien.

Au moins, je ne vais pas avoir à me disputer avec lui, c'est un problème de moins. Jusqu'à ce que Hayden lâche un rire nerveux qui n'augure rien de bon.

— T'as pas compris. Je le prends bien uniquement parce que c'est terminé. Ma petite sœur ne viendra pas s'ajouter à la liste de tes conquêtes, tu laisses tomber l'idée si jamais elle t'a traversé l'esprit. Tu m'as bien compris ?

Je perds immédiatement mon sourire, et je suis persuadé que Hayden n'est pas dupe. Je pensais qu'au contraire il allait me dire que ça ne le dérangeait pas. Après tout, il me connaît, il sait parfaitement que je peux être le plus grand des cons, mais pas avec Mia. Pourtant, le voilà en train de me mettre un interdit formel… Et je ne peux pas lui dire que celui-ci a déjà été brisé.

— Pourquoi est-ce que j'imaginerais quoi que ce soit de plus avec elle ? C'est ta sœur, je te l'ai dit, c'était un petit flirt de rien du tout.

Hayden garde le silence. Son regard perçant pèse sur moi, mais je garde une expression neutre. Je ne veux pas lui laisser l'occasion de comprendre que ce que je ressens pour sa sœur est bien plus fort qu'il ne le croit.

— Je préfère te prévenir, lâche-t-il. Mia n'a pas besoin de ça en ce moment, et tu as beau être comme un frère pour moi, ça ne change rien.

Elle n'a pas besoin de ça ? Comme si je pouvais lui faire du mal ! Je ne vois même pas de quoi il parle. Mia semblait aller très bien la dernière fois qu'on a vraiment échangé, elle et moi. Avant que je puisse l'interroger à ce sujet, Lexy débarque dans la cuisine, tout sourire. Elle reprend toutefois vite son sérieux en découvrant le visage de son mari.

— Hayden… Tu lui as parlé de Mia, c'est ça ?

— J'ai dit que je n'étais pas d'accord. Je ne changerai pas d'avis.

— Et moi je t'ai dit que ta sœur était adulte, laisse-la faire ses choix. Max n'a pas besoin d'entendre tes menaces ridicules.

— Je t'ai déjà dit que j'adorais ta femme ? lancé-je, moqueur.

— Parce qu'elle est de ton côté.

— Et c'est tout ce qui compte !

Hayden lève les yeux au ciel avant de prendre les couverts des mains de sa femme et de lui voler un baiser. Celle-ci me renvoie un sourire encourageant mais ne dit rien de plus. Nous savons tous deux que, lorsque Hayden prend une décision, il ne revient pas dessus… Et ça n'augure rien de bon pour moi.

— Tu restes manger à la maison ce soir ? me propose Lexy.

— C'est gentil, mais j'ai encore des cartons à vider, et l'ancien appart de ton mari à aménager.

Voilà mon cadeau de bienvenue de la part de mon meilleur ami : son penthouse. Il sait que j'ai toujours aimé son appartement, et lorsqu'il me l'a proposé je n'ai pas su refuser. Je devrais être complètement installé d'ici quelques jours, et je compte bien organiser une soirée digne de ce nom pour fêter mon retour… Avec Mia sur la liste d'invités.

Chapitre 3

Mia

— Hayden !

Je débarque chez mon frère, furieuse. J'aurais aimé venir lui dire ce que je pense dès hier, mais par chance pour lui j'ai dû travailler jusqu'à tard. Ce matin, je ne compte pas l'épargner de nouveau. La journée m'a paru interminable. Bosser en sachant Max dans les parages est loin d'être une tâche facile, et je compte bien faire entendre à mon frère que je suis à présent la seule à décider de qui est embauché pour m'assister.

Lorsque j'arrive dans la cuisine, ma belle-sœur et son mari n'y sont pas, je me retrouve face à une petite tête rousse en train de prendre son petit déjeuner. Elle m'adresse un large sourire, du genre qui a le don de vous calmer instantanément.

— T'as pas l'air contente, me dit-elle.

Je dépose un baiser sur son crâne sans rien dire. Les histoires de grands ne doivent pas se répercuter sur elle. J'ai rencontré Avery bien avant que Lexy et mon frère ne se mettent ensemble, je la gardais certains soirs où Lexy avait besoin de sortir pour le travail, et j'aime cette fripouille comme si elle était de ma famille.

— Dis-moi, est-ce que Hayden est dans les parages ?

— Il est caché. Quand il t'a vue arriver par la fenêtre, il a dit que tu allais vouloir lui raser la tête.

L'idée n'est pas déplaisante, j'avoue.

— Et tu ne trouves pas que ce serait amusant de lui raser la tête ? Tu devrais me dire où il est.

— Ce serait plus amusant de lui raser les sourcils, rétorque-t-elle.

Je lui souris avant d'éclater de rire. Cette gamine est mon clone, et je ne suis pas sûre que ce soit un point positif pour ses parents. Elle risque probablement de faire des conneries pires que les miennes, mais ses idées m'amusent beaucoup. Avery finit son bol de céréales d'une traite puis le dépose dans l'évier avant de se rapprocher de moi, un air pince-sans-rire sur le visage.

— Il s'est caché dans son bureau. S'il demande qui te l'a dit, c'est maman.

Je refuse aussitôt. Qu'elle ne compte pas sur moi pour rentrer dans son mensonge, elle a beau être amusante, je ne vais pas lui apprendre à raconter des bobards à ses parents. J'abandonne la fripouille pour rejoindre mon frère, bien déterminé à avoir une discussion avec lui. Sans surprise, il est assis derrière son bureau, et, alors que je m'attendais à le trouver en train de bosser, il est en train lire la notice d'un mouche-bébé.

— Qui t'a dit où j'étais ? demande-t-il en soupirant avant de poser le livret.

— Ta fille, mais elle m'a dit de prétendre que c'était Lexy. Tu devrais lui expliquer que mentir n'est pas la meilleure chose à faire.

— Je suis certain que c'est toi qui lui donnes ce genre d'idées.

Je lève les yeux au ciel. Ça aurait pu, oui, mais Avery est suffisamment intelligente pour trouver seule comment réagir. Et je sais pertinemment que Hayden répond ça dans l'unique but de m'empêcher d'aborder la vraie raison de ma présence.

— Je suppose que tu sais pourquoi je suis là.

— Tu as rencontré ton nouvel employé ? fait-il d'un ton ironique.

Je lâche un rire mauvais. Il ne sait pas ce qui s'est passé entre Max et moi, mais il a bien gardé en mémoire le fait qu'on se détestait à l'époque. Alors pourquoi me l'impose-t-il quand même ?

— *Mon* nouvel employé, oui. C'est le mien, Hayden, et j'aurais dû en être informée avant. Depuis quand une embauche se fait-elle sans ma signature ?

— Oh ! mais tu l'as signée, elle faisait partie des papiers que Lexy t'a confiés à ton arrivée. Le contrat de Max était dedans. Tu devrais peut-être te montrer plus vigilante…

Il s'affaisse dans son siège, un sourire suffisant aux lèvres. Je m'approche du bureau, hors de moi. Je me moque qu'il soit mon frère, qu'il ait dirigé cette entreprise avant moi, je veux réussir. Et pour ça je dois avoir une idée claire du jeu que j'ai en main. Je ne peux pas laisser Hayden distribuer les cartes comme bon lui semble. Et je ne dis pas ça uniquement parce que je ne veux pas de Max trop près de moi.

— Ça ne m'amuse pas, Hayden. Je ne veux pas bosser avec lui.

— Pourquoi ? Quel est le souci ? Il est très compétent, tu sais.

Il me teste. Je le vois bien. Il se doute de quelque chose et il veut me déstabiliser, mais ça ne marchera pas. Il est hors de question que j'avoue que nous avons déjà couché ensemble, *trop de fois*, et que je n'ai pas tourné la page. Hayden m'en voudrait d'avoir fait ça avec son meilleur ami, et il tuerait Max.

— Le souci n'est pas les compétences ou la personne. C'est à moi de juger si, oui ou non, il serait un atout pour l'entreprise. C'est mon rôle. Plus le tien. Si tu n'arrives pas à lâcher prise sur la direction, dis-le tout de suite. Mais ne m'impose pas ton meilleur ami sans me demander mon avis.

Et ne m'impose pas mon ex-amant par la même occasion.

Hayden retrouve son air sérieux, soudain bien moins amusé par la situation. Il ne se rend pas compte à quel point l'idée d'avoir Max près de moi me pèse. S'il était parfait lorsque nous partagions un lit, le supporter au travail est une autre affaire.

— Max a terminé ce pour quoi il était en France, il était logique qu'il rentre, argue Hayden en retrouvant son air d'homme d'affaires implacable. Il était normal que j'indique à Lexy une piste de poste pouvant lui convenir lorsque Max me l'a demandé.

— Et tu vas me dire qu'il n'y avait aucune autre fonction disponible dans la boîte ? D'ailleurs, n'a-t-il pas lui-même une entreprise familiale ?

— Tu sais que Max ne veut pas bosser pour son père, Mia. Et en vérité, oui, il y avait un autre poste envisageable, puisque le directeur de la filiale commerciale nous quitte, mais je ne confierais jamais ça à Max, les chiffres ne sont pas suffisamment son domaine.

— *Tu* ne confierais pas ? Hayden ! Il n'y a plus de « tu » qui tienne !

Mon frère a au moins la décence de se montrer coupable. Je veux gérer cette entreprise. Je veux prouver que j'en suis capable, la faire grandir. Mais je ne pourrai jamais y parvenir si Hayden continue de rester dans mon ombre et de prendre des décisions sans m'en informer.

— OK, je m'en excuse, Mia.

— Et maintenant je suis censée faire quoi avec Max ? lâché-je, toujours aussi furieuse.

— Travailler. Qu'est-ce que tu voudrais faire d'autre ? rétorque-t-il.

Je lui jette un regard mauvais tout en me relevant, furieuse. J'ai compris, il sait qu'il s'est passé quelque chose, mais je ne lui ferai pas le plaisir de l'avouer à voix haute. Je lui tourne le dos sans attendre, pressée de quitter cette pièce avant de m'énerver définitivement contre lui et de le regretter par la suite.

Qu'à cela ne tienne : je vais réussir à faire avec. Je vais réussir à supporter Max sans revenir dans mes vieux travers, et Hayden ne saura jamais rien de ce qui est *réellement* arrivé.

Une trentaine de minutes plus tard, je pénètre dans les locaux de la O'Leary Corporation. Mon humeur ne s'est pas beaucoup améliorée. Si je suis décidée à atteindre mon objectif en dépit de la présence de Max, ça ne veut pas dire que je prends bien la situation. Au contraire, j'ai comme l'impression de m'être fait piéger dans ma propre entreprise.

— Bonjour, madame O'Leary, me lance l'agent d'accueil.

Je lui renvoie un sourire de sympathie puis j'emprunte les ascenseurs jusqu'à l'étage de mon bureau, avec la ferme intention de me reconcentrer. J'ai l'impression de ne plus voir mes journées passer depuis que j'ai pris mes fonctions à plein temps. Je jongle entre les rendez-vous, la validation des projets de toutes les filiales et les voyages professionnels. Il n'y a plus de temps pour ma vie personnelle. Je ne m'en plains pas, je n'ai de toute façon pas beaucoup de vie sociale, mais je dois avouer que lorsque je rentre le soir je suis épuisée.

Je rejoins mon bureau en tentant de ne pas regarder dans la direction de celui de Max, mais je m'arrête net lorsqu'une odeur de *latte*[1] monte à mes narines.

— Extra crème et double sucre. J'ai tout bon ? me questionne Max.

Je me retourne pour faire face à Max, les lèvres pincées. À croire qu'il m'attendait. Je le rembarre.

— J'ai déjà bu un café ce matin.

— Et depuis quand tu es contre l'idée d'en avoir un deuxième ?

---

[1] Boisson chaude à base de café et de lait.

Je lève les yeux au ciel avant d'accepter la boisson, puis vais m'asseoir sur mon siège. Il a raison, je ne sais pas dire non à un bon *latte*, et Max semble en être satisfait, vu le sourire bien trop sexy qu'il arbore, créant deux petites fossettes sur ses joues.

— Que puis-je faire pour toi, Max ?

Il prend ma question pour une invitation à s'installer en face de moi. Il relève les manches de sa chemise, dévoilant ses avant-bras – *qui me donnent envie de le voir sans sa chemise et…*

Non, Mia !

— J'ai étudié tous tes mails non lus. Tu en avais laissé passer, m'annonce-t-il.

Je ferme les yeux un instant, coupable. Le dernier assistant que nous avions est parti il y a deux semaines, et j'ai du mal à gérer depuis, je l'admets. J'essaie de trier en priorité tout ce qui concerne nos actionnaires et nos employés, mais je n'ai pas eu le temps de m'occuper du reste. Lorsque je rouvre les yeux, aucune trace de jugement n'apparaît sur le visage de Max.

— Qu'est-ce que tu as trouvé ? demandé-je d'une voix assurée.

— Des vieux contacts de Hayd nous ont écrit. Ce sont les propriétaires d'un hôtel très connu qui veulent investir dans nos actions.

— Tu as vérifié toutes leurs infos ?

— Évidemment.

Il me tend une liasse de papiers que je feuillette rapidement, et je déteste devoir admettre que mon frère a raison. Je n'ai rien demandé, Max a constitué ce dossier de A à Z de son propre chef, et il m'a mâché le travail de façon considérable. La plupart de mes employés ne l'auraient pas fait. Je pense notamment à Michael, qui bosse côté relationnel et qui n'en ferait pas le quart. Max sait ce qu'il fait. *Dans tous les domaines.*

Lorsque mon regard se pose sur la localisation des potentiels clients, je dévisage Max, soudain bien moins convaincue par cette idée.

— Vraiment ? Et ils veulent nous rencontrer ici, ou que l'on vienne à eux ? Parce que l'idée d'aller dans le Nevada ne m'enchante pas beaucoup.

— C'est à nous de nous déplacer. Ils financent le déplacement jusqu'à Vegas, et nous font une promesse de don même si l'investissement ne nous intéresse pas.

Je me pince l'arête du nez sans savoir quoi dire. Je ne suis pas prête à bouger pour le moment. Je n'ai plus Hayden pour garder la maison pendant que je dois voyager au sein des États-Unis, j'ai peur que le bateau coule si je m'éloigne trop longtemps.

— Tu devrais y réfléchir, ajoute Max. J'ai eu un cas du genre en France, et cela s'est conclu sur une belle opportunité. Ça ne nous coûte rien d'aller voir.

— Si, ça nous coûte du temps. Un temps que je n'ai pas, rétorqué-je en soupirant.

Je dépose le dossier sur mon bureau tout en me passant une main sur la joue. C'est mon frère qui choisissait qui rencontrer, pas moi. J'ai peur de merder, que cela me tienne éloignée de sujets plus importants…

— Fais-toi confiance.

Je relève la tête vers Max, et l'espace d'un instant je nous revois quelques années auparavant. Lui qui me sourit juste après m'avoir chambrée, moi qui l'embrasse en réponse… Mais ce n'est que de courte durée. Je refuse de penser à ça pour de trop nombreuses raisons.

— Je me fais confiance, je ne suis pas à ce poste par hasard. Je te remercie pour ces infos, je vais me pencher sur le sujet et t'envoyer un mail afin de te communiquer ma décision.

Je m'attends à ce qu'il se redresse et quitte la pièce, pourtant, il n'en fait rien. Il reste assis face à moi en passant son pouce sur ses lèvres charnues, et j'inspire profondément. La pièce a subitement pris quelques degrés.

— Est-ce que je peux faire quelque chose d'autre pour toi ? demandé-je, la gorge nouée.

Max pose son coude sur mon bureau avant d'appuyer son menton sur sa paume, et il me fixe sans même tenter de s'en cacher. Je ne sais pas comment il fait. Quand je l'observe, ce qu'on a vécu vient toujours parasiter mon esprit, je trouve cette situation incroyablement délicate et j'angoisse de voir mon frère découvrir que ce qu'il soupçonne est vrai. Max, lui, semble prendre tout cela à la légère.

— J'ai trouvé où inviter tes collaborateurs pour ma soirée de retour, déclare-t-il.

— Déjà, pourquoi faire une soirée de retour ?

La raison m'échappe. Un pot de départ, OK. Un pot pour célébrer une naissance, pourquoi pas. Mais une soirée de retour ? Non, vraiment, je ne comprends pas.

— Parce que ça aide à créer du lien. Et il me semble qu'il s'agit là d'une des valeurs fondamentales de la O'Leary Corporation… Tu es évidemment la bienvenue.

Il m'agace parce qu'une fois de plus il a raison, et il le sait parfaitement.

— Très bien, comme tu le sens. Mais ne compte pas sur moi pour être là, mes soirées ne sont pas libres.

— Aucun souci. De toute façon, je compte davantage sur ta présence pour ce que j'ai l'intention d'organiser chez moi.

Je me place au fond de mon siège et croise les bras contre ma poitrine, un sourire franchement amusé sur les lèvres. Soit il ne comprend pas, soit il ne veut pas comprendre le message que j'essaie de faire passer.

— Je pense que tu n'as pas bien saisi, Max. Je ne viendrai à aucune de tes soirées, ne compte plus sur moi pour te suivre dans tes sorties. Déjà parce que je n'ai pas le temps, mais surtout parce que je n'en ai pas l'envie. On va en rester aux relations pro.

Il ne semble pas s'en formaliser, il se rapproche même un peu plus de moi.

— Les relations professionnelles n'ont pas l'obligation d'être aussi ennuyeuses, *Miamor*.

— Non, en effet, mais quand il s'agit de toi le côté ennuyeux ne me dérange pas.

Max se lève, prenant ça pour la fin de la discussion, et j'observe sa chemise mouler sa carrure à la perfection tandis qu'il se meut vers la porte. Si j'aimais son style décontracté lorsqu'il était en France, je déteste admettre que le costume lui donne un air encore plus désirable. Et c'est bien pour cette raison que je ne le retiens pas dans ce bureau.

— Regarde le dossier et dis-moi ce qu'on fait, déclare Max en s'éloignant. J'espère que ce sera concluant, l'idée de m'envoyer en l'air avec toi en direction du Nevada me plaît bien.

Je lui jette un regard noir tandis qu'il quitte mon bureau, ravi de sa dernière réplique. Je crois que le plus agaçant n'est pas de devoir travailler près de lui. Non, le pire est de devoir supporter ses remarques, parce qu'il est resté égal à lui-même. Rien n'a changé entre le moment où tout ceci a commencé, en France, et aujourd'hui. Mais je ne peux pas me permettre de craquer.

Chapitre 4

Max

Elle a dit oui. Honnêtement, je n'y croyais pas lorsque je lui ai proposé ce dossier. Mia a accepté de partir rencontrer ces investisseurs potentiels à Las Vegas. Mieux : elle a compris que je devais être du voyage étant donné que les relations publiques sont mon domaine, et que je suis aussi doué sinon plus que mon meilleur ami pour charmer les clients.

Mia s'est chargée de tout organiser. Elle voulait que les choses avancent vite. Quarante-huit heures plus tard, nous voilà prêts à partir pour le Nevada alors que le seul plan que j'avais pour la semaine était de passer une soirée bien arrosée avec mes collègues. Ce n'est pas moi qui vais m'en plaindre, c'est l'occasion parfaite pour confronter Mia.

Torse nu, je déambule dans mon nouvel appartement avant de m'arrêter face à la large baie vitrée qui donne sur la ville de New York. J'ai enfin terminé de m'installer, mes cartons ont été vidés, mes meubles, installés... Je suis à nouveau chez moi, même si je ne pensais pas revenir si vite. La filiale française de l'entreprise cherchait un *program manager*[1] pour un nouveau projet en Allemagne,

---

1 Gestionnaire de programme : il supervise des projets qui contribuent à des objectifs commerciaux.

et j'aurais pu accepter cette proposition afin de rester en Europe... si Mia ne m'avait pas envoyé cette foutue lettre.

On a passé les trois dernières années à communiquer comme ça, à profiter de la présence de l'autre lorsqu'on se voyait, et je pensais que les choses lui convenaient, qu'elles pourraient peut-être même évoluer. Jusqu'à ce qu'elle m'écrive pour me dire que c'était terminé. Sans explication.

Elle n'a répondu à aucun de mes coups de fil, et j'ai eu peur pendant un moment que ce soit à cause de Hayd... Mais il est évident qu'il n'y est pour rien.

Alors, oui, je compte bien profiter du fait d'être à l'autre bout du pays avec elle pour comprendre ce qui se passe réellement dans sa tête.

Je termine mon café d'une traite avant de nettoyer ma tasse, puis me dirige vers ma chambre pour sortir ma valise. L'avion est dans une petite heure, et je compte bien arriver à l'aéroport en avance pour montrer à Mia ma bonne volonté. Oui, j'espère la récupérer en revenant ici, mais je ne compte pas non plus abandonner mon travail. Et l'entreprise O'Leary compte autant pour moi que pour Hayd et Mia.

Je glisse dans mon sac une housse contenant mon costume et toutes les affaires qui me seront nécessaires pour ces deux jours loin de New York. J'attrape ensuite de quoi m'habiller, quelque chose de plus décontracté pour les six heures de vol qui nous attendent. J'ai toujours préféré porter mon bon vieux jean et mon T-shirt oversize quand je ne travaille pas.

Mon Uber me conduit tout droit au jet de l'entreprise. Lorsque j'arrive sur le tarmac, je suis satisfait de voir que Mia n'est pas encore là. Pour peu, elle aurait trouvé le moyen de me reprocher d'être arrivé après elle, et je compte bien être un employé modèle. Je monte à l'intérieur de l'engin pour l'attendre et m'installe sur l'un des sièges duo face à face du jet.

— Monsieur Koffman, bienvenue, annonce le pilote en venant à ma rencontre. Je ne vous attendais pas si tôt. J'aimerais pouvoir vous proposer de décoller en avance, mais je ne peux malheureusement pas modifier notre plan de vol. En attendant le départ, des boissons et des en-cas sont à votre disposition.

Je hausse un sourcil en dévisageant l'homme. Ce n'est pas la première fois que je le rencontre. Si je ne me trompe pas, il s'agit du pilote attitré de mon meilleur ami. Je suppose que Mia s'est arrangée pour le garder… Il devrait donc savoir qu'il n'y aura pas de décollage sans elle.

— C'est très gentil, rétorqué-je, mais mademoiselle O'Leary n'est pas arrivée.

Cette fois, c'est à son tour de me dévisager d'une drôle de façon, et un mauvais pressentiment m'envahit.

— Je m'excuse, monsieur, mais mademoiselle O'Leary a déjà pris un vol pour Las Vegas tôt dans la matinée.

Je penche la tête en arrière en laissant échapper un rire rauque. *Évidemment.* C'était trop simple de la voir accepter tout ceci sans même tenter de m'évincer. Je dirais même que c'était brillant de sa part. Je n'avais rien vu venir, trop habitué à la douce Mia qui passait son temps dans mon lit… À présent, je retrouve celle qui me détestait quand on était ados. Malgré tout, je crois que la distance qu'elle instaure entre nous est bon signe, parce que cela signifie qu'elle a peur de craquer à nouveau.

Ah, Mia… Que vais-je faire de toi ?

J'ai toujours entendu dire que la chaleur à Las Vegas était insoutenable, voire étouffante. Après tout, la ville se trouve dans un désert. Pourtant, chaque fois que j'y suis venu, ça n'a pas été le cas, et aujourd'hui ne fait pas exception à la règle. Un vent chaud rend l'ambiance bien plus supportable, en tout cas, suffisamment pour me donner envie de marcher jusqu'à l'hôtel et de prendre le temps de profiter de cette ville qui ressemble à un parc d'attractions.

J'aperçois déjà le Caesars Palace au loin, entouré de tout un tas d'autres hôtels. Je vois même la High Roller, une grande roue qui permet de voir Vegas du dessus… Une vision magnifique, même si cet endroit ne me fait pas forcément rêver. Lorsque j'arrive enfin au niveau de l'hôtel, je soupire profondément. C'est Mia qui a choisi où nous allions dormir, et j'avoue avoir espéré… autre chose. Il ne faut pas se méprendre, ce bâtiment est magnifique : il fait très ancien avec tous ses décors romains, les pylônes nous donnent l'impression d'avoir atterri à une autre époque. Pourtant, je le trouve… trop. Les spectacles qui se déroulent à l'intérieur y sont pour beaucoup, c'est un vrai attrape-touristes, et même le casino est des plus banals.

Si j'avais pu choisir moi-même, je pense que je serais allé à l'Excalibur. Cet hôtel m'a toujours fasciné. De l'extérieur, il ressemble à un château tout droit sorti d'un conte pour enfants. Et l'intérieur… L'intérieur est tout aussi incroyable. Statue de dragon, décor digne d'un film… Mia aurait assurément pu choisir plus amusant, mais je suppose que son but n'est de toute façon pas que nous jouions aux touristes.

— Monsieur Koffman, bienvenue, nous vous attendions.

Une femme en tailleur noir s'approche de moi, une carte magnétique déjà en main. Voilà pourquoi j'apprécie d'être connu des lieux : je peux éviter de faire une queue d'une trentaine de minutes à l'accueil. Je souris à la jeune femme à la chevelure brune et la suis jusqu'au comptoir. Je la laisse me donner toutes les indications relatives à la chambre et au reste du building afin que je puisse facilement me repérer dans cet espace immense, de la taille d'une miniville. Puis elle me donne ma carte et je lui adresse mon sourire le plus enjôleur.

— Dites-moi, mon associée a oublié de me communiquer le numéro de sa chambre et elle ne répond pas à son téléphone. Vous sauriez me le dire ? C'est assez urgent, nous avons bientôt rendez-vous pour le travail. Nous sommes sur la même réservation.

— Je ne suis pas sûre de le pouvoir, même pour vous, monsieur…

— S'il vous plaît.

La femme regarde à droite et à gauche puis tape sur son clavier avant de m'adresser à son tour un sourire qui se veut sûrement sexy. Dommage que je sois en train de lui demander la chambre de la seule femme qui compte à mes yeux.

— Chambre 3857, elle est au troisième étage.

Évidemment, elle a choisi de s'installer au plus loin de moi. Mia ne laisse rien au hasard.

— Merci, *ma jolie* ! dis-je dans un français parfait.

— Mais avec plaisir. Vous faites quelque chose ce soir ?

Je hausse un sourcil en glissant la clé magnétique dans ma poche, satisfait de voir que mes charmes marchent toujours autant sur la gent féminine en dehors de Mia.

— Malheureusement, oui, j'ai un dîner d'affaires.

— Et demain soir ?

— Je serai déjà parti. Mais comptez sur moi pour vous retrouver à ma prochaine visite.

Je lui adresse un clin d'œil ridicule mais qui lui tire un petit rire. Elle semble satisfaite de ma réponse, alors je n'attends pas pour tourner les talons sans un regard de plus dans sa direction. Je n'ai aucune intention de la revoir, mais je suppose qu'elle ne s'en formalisera pas, ce n'est pas comme si le choix d'hommes manquait ici.

Je me dirige jusqu'à l'ascenseur qui mène à l'aile où se trouve ma chambre, et la rejoins pour y déposer ma valise. Sans surprise, la pièce est spacieuse, un large lit double trône au centre, et un fauteuil est installé face à la baie vitrée donnant sur une autre partie de l'hôtel. Une chambre des plus banales pour Vegas qui me paraîtrait bien plus sympathique si Mia m'y attendait. Je suppose que j'en demande trop.

J'attrape la petite pancarte « Ne pas déranger » pour la glisser sur la poignée de ma porte, puis je quitte la pièce pour rejoindre le troisième étage, où Mia se trouve. Elle pense sûrement s'être débarrassée de moi en prenant un autre vol, mais c'est mal me connaître. Et j'ai l'excuse de devoir travailler pour la retrouver.

Une fois face à sa porte, je frappe quelques coups secs, et Mia m'ouvre dans la minute ; son sourire se décompose lorsqu'elle me découvre. À en croire la robe d'été qu'elle porte – bien différente de ses habituelles tenues professionnelles –, Mia n'est pas encore prête à travailler. Ses cheveux châtains sont joliment bouclés, tombant en cascade jusqu'au milieu de son ventre, et je me souviens comme j'aimais qu'ils glissent devant ses seins.

— Qu'est-ce que tu fais là ? demande-t-elle d'une voix un peu trop rauque, me tirant de mes pensées.

— Tu croyais que si tu partais sans moi je ne viendrais pas ? Je t'en prie, *Miamor*, tu me sais plus endurant que ça. On a rendez-vous d'ici trente minutes, il faut bien que je prenne mon travail au sérieux, après tout, je suis là pour quelque temps.

Ce rappel semble l'énerver un peu plus, et Mia s'écarte pour me laisser entrer dans sa chambre en soufflant d'agacement. Le sourire aux lèvres, je la suis avec l'impression d'avoir gagné une petite bataille.

— Est-ce que tu te sens prête pour ton premier rendez-vous seule ? lui demandé-je en m'installant dans un fauteuil.

Mia se tient bien droite face à moi, les bras croisés contre sa poitrine comme si cela allait mettre une quelconque distance entre nous.

— Pourquoi je ne serais pas prête ? demande-t-elle avec un air insolent.

— Peut-être parce que c'est la première fois que tu gères ce genre de choses ?

Mia est une femme fière. Elle veut faire ses preuves, réussir, en grande partie pour prouver aux gens qui n'ont pas cru en elle – dont ses parents – qu'elle en est capable. Elle peut duper qui elle veut mais pas moi.

— Je suis largement capable de gérer ça.

Je me lève pour m'approcher d'elle, mais elle recule d'un pas. Je m'arrête en soupirant, préférant respecter cette distance qu'elle instaure entre nous pour le moment.

— Mia, je ne dis pas que tu n'en es pas capable, je te demande si tu te sens prête. On parle d'états d'âme. Ça n'a rien à voir.

L'espace d'un instant, j'ai l'impression qu'elle va faire tomber sa carapace. Jusqu'à ce qu'elle m'adresse le genre de sourire qu'elle réserve normalement à mon meilleur ami quand elle se moque de lui.

— Ça va très bien, merci. J'ai suffisamment assisté Hayden dans ce type de rendez-vous pour savoir quoi faire. Ta présence n'était même pas vraiment nécessaire.

— Ma présence est nécessaire. Que tu le veuilles ou non, qu'on ait couché ensemble ou non...

— Ce n'est pas le sujet, rétorque Mia.

Un rire m'échappe. Je vois bien comment elle me regarde, et l'effet que je continue de lui faire. Le sujet est précisément là.

— Au contraire, Mia. On s'en fout, que je t'aie vue nue des dizaines et des dizaines de fois, on se fout du fait que ton frère m'écorcherait vif s'il le savait et que, pour une raison qui m'échappe, tu aies mis fin à tout ça. Tu me parlais de professionnalisme, tu ne crois pas que quelqu'un de professionnel se contenterait d'accepter mes compétences pour ce qu'elles sont ?

Mia reste silencieuse un moment, elle sait que j'ai raison. J'ai beau aimer jouer les abrutis et m'amuser de tout, je sais que je suis bon dans mon domaine. J'ai grandi dans le commerce, négocier est une seconde nature, elle a besoin de moi, qu'elle le veuille ou non. Et, ça, elle ne pourra pas le nier longtemps.

— OK, très bien. Alors on va faire ça ensemble, et je ne veux aucun commentaire déplacé jusqu'à la fin du rendez-vous. C'est bien compris, Max ?

Chapitre 5

Mia

Je ne suis qu'une menteuse. Je ne me sens absolument pas prête pour ce rendez-vous. J'ai évidemment étudié le dossier qu'a préparé Max : je connais leur capital d'investissement, leur rayon d'action, je sais où sont situés leurs locaux, mais rien ne m'empêche de me planter sur un détail. Parce que, même si j'essaie de faire de mon mieux, je n'arrive pas à être aussi confiante que mon frère dans mon travail. Habituellement, Hayden et moi passions du temps à prévoir ce genre de rencontres, parce que j'en avais besoin. Je ne sais pas comment il a réussi à se débrouiller toutes ces années en improvisant chaque réunion en solo. C'est pour cette raison que je ne peux pas nier que Max sera un atout considérable, parce qu'il a les mêmes facultés que son meilleur ami.

Je quitte ma chambre en vérifiant que la clé est bien rangée dans mon petit sac en forme de cœur, puis je rejoins le rez-de-chaussée de l'hôtel, où se trouvent les restaurants ainsi que le casino. Max m'a laissée me préparer après notre discussion, et j'ai longuement hésité sur la façon de m'habiller. Tenue pro, robe de soirée... Après tout, nous sommes à Vegas, et je doute que les gens que nous devons rencontrer se formalisent des tenues, surtout en nous donnant rendez-vous ici.

J'ai fini par choisir une robe que j'ai achetée à New York et pourtant jamais portée. Elle est blanche, décorée de quelques fleurs rose pâle, et me tombe sur les épaules à la perfection. Une fente sur la gauche laisse légèrement apparaître mes jambes, et j'avoue être plutôt fière du rendu. Chic et osé, sans l'être trop. Exactement dans le thème de cette ville.

Lorsque je sors de l'ascenseur, je m'arrête net en découvrant un homme de dos, dans un costume parfaitement taillé. Il me suffit d'un coup d'œil sur ses boucles brunes pour savoir de qui il s'agit. Il a enfilé ses chaussures favorites, les noires avec la semelle rouge, pour venir compléter son style de l'homme parfait. Je tente de ne pas lorgner ses fesses parfaitement mises en valeur dans son pantalon. Je déglutis péniblement en serrant plus fort la lanière de mon sac contre moi, une pression se fait sentir entre mes jambes. J'avance vers lui avec une assurance feinte.

— Je suis prête, déclaré-je.

Max se retourne pour laisser apparaître la femme avec qui il était en train de discuter et que je reconnais : c'est celle qui m'a accueillie hier. Je hausse un sourcil en comprenant que Max était loin de s'ennuyer.

— Bien, alors allons-y. Ravie d'avoir pu discuter à nouveau avec vous, *ma jolie*.

La femme lui sourit d'une façon un peu trop appuyée, et lorsque celle-ci fait demi-tour je jette un regard lourd de sens à Max.

— *Ma jolie* ? T'es vraiment en train de te la jouer séducteur à la française ?

Max sourit avec insolence avant de prendre mon bras et de le glisser sous le sien, révélant une confiance sans faille. Une fossette creuse sa joue droite, et une de ses mèches bouclées tombe en travers de son front pour lui donner cet air de saut du lit qui lui va si bien.

— Je suis poli avec cette fille, *Miamor*. Rien de plus. Je n'allais tout de même pas l'ignorer.

Je frissonne en entendant ce vieux surnom. *Miamor*, pour *mi amor*... une déclaration à l'italienne. Je suis certaine que ce jeu de mots l'amuse, mais son sens plus profond m'atteint, et c'est bien pour ça que je le déteste. Max n'a pas encore dit son dernier mot, j'ai bien l'impression qu'il a décidé de me déstabiliser ce soir car il approche sa bouche de mon oreille jusqu'à en frôler le lobe.

— Et, si tu veux vraiment découvrir comment j'ai appris à séduire en France, tu n'as qu'à demander et je te montrerai ça ce soir.

Je déglutis avant de m'écarter vivement de lui. Il est hors de question que cette soirée se termine dans son lit. La chaleur qui se répand dans mon bas-ventre me prouve qu'il suffirait de peu pour que je craque, un verre de trop et je ne résisterai pas aux souvenirs de ce que Max sait faire. Il semble satisfait de ma réaction, il glisse ses mains dans ses poches et me fait signe de le suivre.

— En attendant, nous avons rendez-vous un peu plus loin, au Vanderpump Garden, m'annonce-t-il.

Je hoche la tête alors qu'en réalité je ne sais même pas de quoi il s'agit. J'ai fait beaucoup de conneries pendant mon adolescence, mais j'avoue ne jamais avoir mis un pied à Vegas. Et, lorsque je vois à quoi cela ressemble, je sais que je n'y reviendrai pas pour le plaisir. Quand on apprend à gérer un budget pour optimiser ses actions humanitaires, l'idée de dépenser des mille et des cents dans une machine à sous n'est pas très tentante.

Max me guide jusqu'au lieu de rendez-vous, et, une fois devant celui-ci, je me fige. L'hôtel est magnifique. Une jolie moquette rouge au sol, des lumières un peu partout, des statues dignes de celles que l'on trouve dans les musées, une allée commerciale avec un ciel créé de toutes pièces… et puis ce restaurant. Il est tout simplement idyllique. L'entrée est surplombée d'une arche fleurie violette, une douce musique provient de l'intérieur, et nous avançons jusqu'à trouver une serveuse.

— Bonsoir, lancé-je en souriant poliment. Nous avons réservé pour cinq, au nom de O'Leary.

— Bien sûr, je vous laisse me suivre.

Elle nous guide jusqu'à une table des plus surprenantes. Même Max semble fasciné par cet endroit. Trois chaises sont installées autour d'une table ronde, et un banc entoure un arbre et crée deux places supplémentaires. Tout ici est décoré à l'aide de végétation.

— On va s'installer sur la banquette pour laisser les chaises à nos invités, déclare Max.

Je lève les yeux au ciel.

— Au moindre rapprochement de ta part, je te vire.

— Ma prime de licenciement te coûterait trop cher.

Je grommelle sans le contredire parce qu'il a totalement raison, et je m'installe sur cette banquette couleur crème, suivie de près par Max. Il a peut-être la faculté de trouver des arguments pour me faire taire, mais ce n'est pas pour autant que je me retiendrai de l'envoyer chier si l'envie me vient. Je sors mon téléphone pour m'occuper jusqu'à l'arrivée de nos clients, et Max fait de même dans un silence pesant. Je ne veux pas commencer à parler avec lui, parce que je sais quel sujet il essayera d'aborder et je refuse de glisser sur ce terrain-là alors que c'est une soirée professionnelle et que nos clients vont arriver d'une seconde à l'autre.

Pourtant, dix minutes passent. Puis vingt. Et aucun signe des prospects. Max tente de me convaincre qu'ils ont très bien pu se perdre, mais je n'y crois pas une seconde. Non, ils ont plutôt l'air de nous avoir posé le lapin du siècle. Je commande un premier verre pour tenter d'oublier cet échec humiliant, puis un deuxième lorsque la demi-heure passe, et je ne compte plus les centilitres d'alcool ingurgités au bout d'une heure.

J'aurais dû écouter mon instinct, qui me disait que c'était une mauvaise idée… Sauf que j'étais obnubilée par Max.

— Mia, pose ce verre, déclare ce dernier.

Je lève les yeux vers lui, un sourire insolent aux lèvres. Je me souviens d'un Max bien plus amusant lorsqu'il était en France.

— Nous savons tous les deux que je résiste très bien à l'alcool.
— Tu *t'amuses* très bien avec l'alcool, nuance. Tu finis toujours par regretter d'avoir bu, je te connais, *Miamor*. Et je préférerais que tu gardes ta capacité à réfléchir.
— Pourquoi ?

Je me tourne complètement vers Max jusqu'à grimper sur ses genoux sur un coup de tête. Il me cale contre lui en déposant les mains sur mes hanches, le regard dur – alors que j'espérais que ce serait une autre partie qui le soit. Visiblement, il est plus assuré lorsqu'il faut discuter que lorsque je veux passer aux choses sérieuses.

— Pourquoi tu veux que je sois à même de réfléchir ? répété-je. De toute façon, pas de rendez-vous, pas de travail.

Max secoue doucement la tête sans pour autant mettre de la distance entre nous. Je n'ai aucune raison de me tenir correctement. Il n'y a clairement pas de client dans les parages, et personne ici ne fera attention à une cheffe d'entreprise en vue du nombre de célébrités présentes à Vegas. Là, tout de suite, je peux faire ce que je veux sans penser aux conséquences, et j'ai besoin de ça ce soir.

— On pourrait discuter, aussi, propose Max. On a beaucoup à se dire.

Je rapproche mon bassin du sien dans un geste explicite, et je vois bien qu'il a du mal à se contenir lorsque je commence un mouvement circulaire.

— Pas besoin de discuter, susurré-je.

Je passe une main dans ses boucles brunes. Max ne résiste pas, il plaque durement ses lèvres contre les miennes, et j'ai l'impression de respirer à nouveau. Je rapproche ma poitrine de son torse alors que la pression de mes hanches contre les siennes crée une contraction dans tout mon corps. Je ne devrais pas, parce que demain je regretterai, mais j'ai besoin de ça ce soir. Je veux profiter, oublier que ce rendez-vous a merdé, et laisser tout ça à Vegas lorsque nous reviendrons à New York.

— Mia…
— Quoi ? Tu n'en as pas envie ?

Max se mord la lèvre, et je sens son érection contre ma cuisse. Il ne peut pas mentir.

— Tu sais parfaitement que je n'attends que de te retrouver, Mia, souffle-t-il en caressant ma peau. Je ne m'en suis pas caché. Toi, en revanche, tu me repousses depuis mon retour, et actuellement tu es trop bourrée pour prendre ce genre de décisions. Donc ne compte pas sur moi pour te déshabiller.

Je grommelle en posant mon front contre son épaule, et Max joue avec la couture de ma robe, en haut de la fente ; ses doigts frôlent ma peau. Pourquoi est-ce que ça ne peut pas être simple ? Un plan d'un soir, et on n'en parle plus. Peut-être parce que Max a toujours été plus qu'un plan d'un soir et que toute personne saine d'esprit sait qu'il ne faut *jamais* recoucher avec un ex-amant… Sauf que je ne suis pas saine d'esprit, ce soir, je suis complètement bourrée.

— Et si je te ramenais dans ta chambre ? propose-t-il.

Je relève la tête vivement, perturbée par le sens de ses mots. Max lâche un rire rauque qui se répercute tout droit dans mon entrejambe.

— Pas dans ce sens-là, Mia.
— Alors non. Je ne veux pas rentrer, je compte bien profiter un peu de ce qu'offre le Caesars Palace. Soit tu me suis, soit tu restes ici comme un con. Tu choisis quoi ?

Max semble hésiter un instant. Il ne me quitte pas des yeux, et je pose une main sur son torse ferme avant de la remonter jusqu'à sa nuque. Il soupire avant de me sourire, vaincu.

— En souvenir du bon vieux temps. Mais il ne se passera rien tant que tu n'auras pas décuvé.

Je ne compte pas décuver pour le moment, bien au contraire, je suis certaine que de nouveaux cocktails nous attendent. Et Max le sait aussi. J'approche mon visage du sien volontairement lentement pour lui laisser le temps de me repousser, mais il n'en fait rien. Alors je lui vole un baiser auquel il répond immédiatement, prouvant ainsi qu'il n'est pas capable de résister. Tout comme je ne le suis pas non plus.

Je colle mon nez à une vitrine, suivie de près par Max, qui ne cesse de rire à mes âneries. Nous venons tout juste de nous faire jeter du bar dans lequel nous étions parce que nous avons consommé un peu trop de cocktails, et nous avons quitté le Mandalay Bay pour l'hôtel voisin. Je suis fascinée par ce que je découvre. Tous les bâtiments sont reliés de l'intérieur, on croirait presque une ville entièrement couverte, ou un parc d'attractions… Et je m'y amuse comme une folle.

— Tu ne vas pas rentrer dedans, quand même ?

J'adresse un sourire à Max. Je suis bien déterminée à faire tout ce qui me passe par la tête ce soir. Ou cette nuit ? Je ne sais plus quelle heure il est, et l'absence totale d'horloge dans les casinos n'aide pas. Nous avons complètement déserté le Caesars Palace pour faire le tour de tous les hôtels des environs. Nous sommes actuellement au Luxor, qui a une forme de pyramide, et dont l'intérieur est décoré à la mode égyptienne. Je suis complètement conquise par tout ce que nous découvrons – aussi parce que cela m'empêche de penser.

— Et pourquoi pas ? Une jolie robe a toujours aidé à reprendre confiance en soi !

— Parce que tu as besoin de ça ? C'est le rendez-vous qui te fait cet effet ?

Je grimace. Même après avoir dévalisé l'Irish Pub du Mandalay Bay, il arrive encore à être lucide, et je déteste ça.

— C'était mon premier rendez-vous en tant que patronne, tu veux que je le prenne comment ? grommelé-je en rentrant dans la boutique. Je suis loin d'être Hayden.

Je m'approche du vêtement que j'ai vu à travers la vitrine, et je touche les sequins. Je crois que ça m'irait plutôt bien. Je suis certaine que le décolleté mettra en valeur mon petit bonnet. Elle est un peu courte, mais pour une soirée arrosée… *Non, Mia, sois raisonnable !*

— Tu sais que ce n'est pas ta faute, qu'ils t'ont juste posé un lapin. On peut au moins en profiter pour passer du temps ensemble, répond Max.

Je l'observe, sourcils haussés. Il me semble que ma proposition était assez explicite.

— C'est toi qui n'as pas voulu qu'on finisse la soirée ensemble, je te rappelle.

— Je préfère discuter, Mia.

— Et de quoi voudrais-tu parler, au juste ?

J'attrape la robe et une paire de talons hauts avant de filer vers les cabines d'essayage, suivie de Max. Je suis certaine que cette tenue va me faire des jambes absolument incroyables.

— Pourquoi tu m'as quitté ?

Je jette un coup d'œil à Max en écartant le rideau. Il m'observe avec intensité, visiblement déterminé à obtenir une réponse, et je lui souris, bien trop amusée pour rester sérieuse.

— Pour te quitter, il aurait déjà fallu qu'on ait été ensemble, déclaré-je.

Je referme le rideau sur ces mots et me déshabille sans gêne. Je n'ai pas mis de soutien-gorge, je n'en ai de toute façon pas besoin vu la taille de ma poitrine, et ça va me permettre de voir le vrai rendu de ce décolleté. Je me glisse dans cette robe à paillettes dorées en devant forcer un peu sur les hanches, et je ris seule lorsque je manque de tomber.

— Pour moi, à partir du moment où tu es la seule avec qui je partage mon lit, c'est tout comme, déclare Max, inconscient de la bataille qui se déroule de l'autre côté du tissu.

Je me retiens au mur pour ne pas m'étaler, la robe pas tout à fait enfilée et un sein à moitié l'air. Je ne suis pas sûre de comprendre où il veut en venir.

— T'as vu personne ? Même quand on ne se voyait pas pendant six mois ? demandé-je sans oser le regarder.
— Non, Mia.

Il n'y a eu que moi. Je pensais n'être qu'un plan cul quand on se fréquentait, une bonne amie quand on échangeait par lettres et une distraction quand on se chauffait avec la distance... Alors qu'en réalité... Il n'a vu personne d'autre ? Je secoue vivement la tête. Je ne dois pas me laisser avoir par de jolis mots.

— Parce que toi tu voyais d'autres gens, toi ? fait-il d'une voix fébrile.

Je remonte la fermeture Éclair dans mon dos avec difficulté, je déteste le fait qu'il puisse imaginer une chose pareille. Ma relation avec les hommes est déjà complexe à cause de ce que je lui cache, alors si j'avais dû en côtoyer plusieurs... Non. De toute façon, à cette époque, je ne pensais qu'à Max quand j'avais envie de prendre mon pied.

— Non.

J'ouvre grand le rideau pour dévoiler ma robe, et je pose une main sous ma hanche alors que Max me détaille. Il semble satisfait par ma réponse, mais davantage subjugué par l'image que je renvoie. Je souris, bien trop satisfaite. Je savais que cette tenue ne le laisserait pas indifférent.

— Je... Waouh. Tu vas attirer tous les regards, comme ça... Tu es magnifique.
— Merci.

J'observe mon reflet, et Max se place dans mon dos. Le doré va parfaitement avec mes cheveux châtains et mes yeux whisky. Le brun me dépasse d'une bonne tête, le regard rivé à mon décolleté, et je respire un peu trop fort en nous imaginant enlacés et bien moins vêtus.

— Tu n'as pas répondu à ma question. Pourquoi tu as mis fin à notre relation ?

Je fixe son regard dans le miroir. Max s'approche de moi jusqu'à poser les mains de part et d'autre de mes hanches. Le torse collé à mon dos, il en profite pour remonter délicatement la fermeture Éclair, que je n'avais pas réussi à fermer entièrement. Je me colle à son bassin jusqu'à ce que je sente son érection sur mon fessier, et je ferme les yeux un instant, mon corps réagissant trop fort sous le coup de l'alcool.

— Ce n'était plus possible entre nous, murmuré-je d'une voix fébrile. Entre mon travail et le fait que Hayden nous aurait tués en l'apprenant, il fallait que ça s'arrête.

Je ne détourne pas les yeux. Je dis la vérité, en partie. Mais Max ne semble pas convaincu, je le vois à son visage et à son regard brûlant. Oui, il a autant peur que moi de la réaction de mon frère, mais ça ne nous a pas empêchés de nous amuser tant qu'il ne le savait pas… Pourtant, je ne peux pas lui dire ce qui m'a fait prendre mes distances. Je ne le veux pas.

Max dépose les lèvres dans mon cou, et un soupir d'aise m'échappe lorsque des frissons parcourent mon corps jusqu'à venir se loger dans mon entrejambe.

— Je ne te crois pas, souffle-t-il.

Je me retourne pour placer mon visage tout près du sien, et je frôle ses lèvres en souriant. Ce que j'aime cette tension entre nous… Je regrette que cela doive s'arrêter.

— Dommage pour toi.

Je recule avant d'avoir envie de l'embrasser et bien plus, et je constate sans mal à quel point Max est aussi frustré que moi.

— Tu m'aides à retirer la robe ? Je vais la prendre. Et puis j'ai bien l'intention d'aller faire un tour dans ce bar devant lequel on est passés, déclaré-je.

Max ne dit rien, les lèvres pincées. Il ne me laissera pas seule, pas ce soir. Notre séjour à Las Vegas s'annonce déjà comme un échec, mais il me donne au moins l'impression de retrouver ce que nous avions en France : une bulle d'insouciance. La nuit nous réserve sans doute bien des surprises. Je compte en profiter jusqu'au bout.

Chapitre 6

Max

Je m'étire de tout mon long avec l'impression d'être passé sous un rouleau compresseur. Je n'ai que peu de souvenirs de la veille, mis à part le self-control impressionnant dont j'ai fait preuve pour repousser Mia. J'avais tellement envie d'elle, bon sang. Dans ce foutu bar quand elle a commencé à me chauffer en s'asseyant sur mes genoux, puis lorsqu'elle est devenue pompette et qu'elle a absolument voulu déboutonner ma chemise. Sans compter, un peu plus tôt, dans ce magasin où j'ai bien cru que j'allais finir par la prendre dans la cabine d'essayage. Mais j'ai tenu bon, c'est la seule chose dont je suis certain.

Lorsque mon bras rencontre un corps chaud, je me relève brusquement. J'ai fini la soirée seul, c'est quoi, ce bordel ? Je le saurais, si j'avais pénétré quelqu'un cette nuit. Alors qu'est-ce que c'est que cette histoire ? J'ouvre les rideaux de la chambre pour laisser entrer un filet de lumière. Lorsque je découvre le corps de Mia sur les draps, je suis aussi soulagé que dépité. Je n'aurais jamais dû faire ça. Pas alors que nous n'étions pas en possession de tous nos moyens.

Je soulève la couverture dans un dernier espoir de la voir habillée. Un soupir de soulagement m'échappe. Elle porte cette robe incroyablement sexy qu'elle a achetée hier. Ça, je m'en souviens parfaitement, parce que je rêve justement de lui enlever. Ce qui veut dire que nous n'avons rien fait. Je n'ai pas merdé à ce point. Je pose le regard sur son visage, et je souris en la découvrant si sereine. Elle a l'air si bien dans son rêve… Je passe un doigt sur le petit pli formé au coin de sa bouche. Elle avait beau être détestable étant gamine, je l'ai toujours trouvée belle, et de plus en plus désirable avec le temps.

Je m'éloigne pour la laisser dormir, maintenant que je suis convaincu de n'avoir rien fait qui ait pu la pousser encore davantage à s'éloigner de moi, et m'installe dans le fauteuil près de la fenêtre. Mon crâne me fait mal, je crois qu'il va me falloir beaucoup d'eau. Je me passe une main sur le visage, mais j'arrête net mon geste pour fixer mes doigts, les yeux écarquillés. Je porte une bague. Une bague dorée. Qui ressemble beaucoup trop à une alliance.

Non, bien sûr que non. La soirée est floue, mais je me souviens de ce que nous avons fait. On s'est baladés dans l'hôtel, on a fait quelques magasins, et après… Après, je ne sais plus. Mais je refuse de croire qu'on a pu faire ce genre de conneries attrape-touristes.

Pourtant, plus je fixe cette bague dorée, plus je vois Mia me la passer au doigt en riant. Ou peut-être que je me fabrique des souvenirs. Nous ne pouvons pas avoir fait ça. Pas sur un coup de tête, pas alors que nous étions bourrés. Je refuse d'y croire ! J'espérais que ce voyage serait l'occasion pour nous de discuter, et de nous rapprocher. Pas de… *Non*.

Je me lève d'un bond, le cœur battant à tout rompre. Je contourne à nouveau le lit pour attraper la main de Mia, et mes épaules se détendent en découvrant qu'il n'y a pas d'alliance à son doigt. Ce n'est peut-être qu'une mauvaise blague, on a dû trouver une bijouterie, et l'idée devait nous paraître drôle sur le coup. C'est forcément ça. Mais, alors que je soupire, un tatouage sur son poignet attire mon attention.

Madame Koffman

Mon sang ne fait qu'un tour. *Putain de bordel de merde.*

Je recule jusqu'à ce que mon corps bute contre la porte de la salle de bains, et je respire tant bien que mal. Je ne peux pas avoir fait une connerie pareille. J'ai à peine la trentaine, bon sang, je ne pensais pas me marier si jeune ! *Me marier.* Merde. J'ai l'impression que mon cœur s'arrête. Je ne me suis pas juste tapé la sœur de mon meilleur ami dans son dos, je l'ai aussi épousée ! *Il va me tuer.*

Dans l'idée que notre relation devienne un jour plus officielle, j'avais espéré pouvoir lui dire ce qui est arrivé entre elle et moi. Mais je n'avais jamais imaginé devoir le faire parce qu'on s'est mariés, soûls, à Las Vegas ! Je viens de faire la pire connerie de ma vie.

Il faut que Mia le sache. Maintenant. Je ne peux pas rester dans mon coin à trop réfléchir, je n'ai aucune idée de ce que je dois faire. De toute façon, à cause de ce stupide tatouage, je ne serais même pas en mesure de lui cacher la vérité si je le voulais. Mais est-ce qu'elle ne risque pas de m'en vouloir encore plus ? Je ne sais pas. Je ne sais plus. Je crois que l'alcool obstrue encore mes idées.

Je la secoue doucement, et Mia lâche un grognement en clignant des yeux. Dans une autre situation, je me serais moqué d'elle pour la faire sourire. Mais pas maintenant. Pas alors que je suis en train de réveiller ma *femme*, bordel. Lorsque Mia m'aperçoit, elle referme les yeux, visiblement peu surprise de me trouver là.

— On a couché ensemble ?

— Non, soufflé-je, la voix tremblante pour la première fois.

— Super, alors reviens dormir, on a le temps avant de rentrer, déclare-t-elle en remontant le drap sur son corps.

Ne te dégonfle pas, Max.

— Mia…

— Hum… ?

63

— On s'est mariés, dis-je sans détour, comme on retirerait un pansement.
— Très drôle.
Un grand blanc suit ses mots, jusqu'à ce qu'elle rouvre les yeux, bien plus consciente.
— Pourquoi tu ne rigoles pas ? me demande-t-elle.
J'avale difficilement ma salive, persuadé qu'une fois qu'elle aura compris la vérité elle me détestera.
— Parce que je ne plaisante pas, Mia.
Elle lève les yeux au ciel, sûrement persuadée que je prolonge la blague. Elle risque de tomber de haut.
— Si je t'avais dit oui, alcool ou pas, je m'en souviendrais.
Je vois bien qu'elle ne me croit pas, jusqu'à ce qu'elle aperçoive l'alliance à mon annulaire. Alors son visage devient livide, et je suis persuadé qu'elle a la bouche sèche.
— Dis-moi qu'on n'a pas vraiment fait ça…
— On s'est mariés. Hier.
Mia se redresse, les cheveux en bataille, et attrape ma main. Elle touche mon alliance, puis, comme je l'ai fait un peu plus tôt, regarde ses propres doigts, puis son poignet.
— C'est un faux, déclare-t-elle.
Pour appuyer ses propos, elle se lève et attrape une serviette dans la salle de bains, qu'elle humidifie. Elle se met à frotter son poignet sans s'arrêter, et je m'approche d'elle pour l'immobiliser.
— Arrête, Mia. Tu vas seulement réussir à te faire mal.
Elle lâche un rire nerveux, les yeux brillants, alors que je la sens paniquer.
— Qui a eu cette idée de merde ? crie-t-elle subitement.
— Je dirais que ça te ressemble pas mal, soufflé-je.
Elle se redresse sur le lit, et je m'installe à ses côtés. On a merdé en beauté, et on est tous les deux complètement perturbés par la situation.
— Si la cérémonie n'a pas été certifiée, ce n'est pas officiel, affirme Mia d'une voix fébrile.

— Mais…

Instinctivement, j'attrape la pochette qui traîne sur la table de nuit, et j'en sors le contrat de mariage ainsi que quelques photos de nous, et l'alliance de Mia. Voilà pourquoi elle porte cette nouvelle robe. Elle s'est mariée avec. Et si je ne savais pas que tout ceci est une énorme connerie – parce qu'aucun de nous n'avait l'intention de se marier – je trouverais ces photos plutôt réalistes. Mia me sourit, comme si elle était amoureuse, et sur chacun des clichés je ne cesse de l'embrasser, sur le cou, les lèvres ou la joue. Lorsque Mia aperçoit les papiers à son tour, son corps tremble.

— Non, non, non. On ne peut pas avoir fait ça, bon sang !

Elle se relève, les larmes aux yeux, et je fais de même avant de prendre son visage entre mes mains.

— Calme-toi, Mia. On va trouver une solution.

— Une solution ? Mais tu te rends compte des conséquences, Max ?

Je l'interroge du regard.

— Primo, je ne peux pas enlever ce putain de tatouage qui me sert d'alliance. Secundo, Hayden va nous tuer. Tertio, c'est le genre de conneries que j'aurais faites à l'époque où je n'étais pas à la tête d'une société ! Mon frère va regretter de m'avoir fait confiance. Quarto, je viens de me marier avec la personne à laquelle j'essaie de ne pas penser depuis des semaines. Et tu vas me dire que tu peux trouver une solution à tout ça ?

Mon visage représente certainement mon incompréhension intérieure. Oui, Hayden risque de nous brûler vifs, parce qu'on ne va pas réussir à le cacher éternellement. Mais pour le reste… Mia en est là où elle en est parce qu'elle le mérite. Ça ne remet pas ses compétences en cause. Et pour son dernier point… je n'ai aucune envie de le résoudre, parce qu'elle avoue au moins penser à moi.

— Je savais que je n'aurais jamais dû venir ici. C'était une mauvaise idée et...

Je ne la laisse pas finir, je dépose mes lèvres sur les siennes pour tenter de réduire sa panique. Ça semble marcher, puisque Mia se laisse aller contre moi, avant de s'écarter pour me dévisager, l'air perdu.

— Pourquoi tu as fait ça ?

— Pour te ramener à la réalité. Il faut que tu te détendes, Mia. Ce n'est pas en s'agitant de la sorte qu'on va arranger les choses.

— Alors comment ? Il faut que... qu'on... qu'on divorce ? demande-t-elle.

Mon estomac se noue à cette simple idée, mais je tente de garder la face. Divorcer me terrorise encore plus que l'avoir épousée sans le faire exprès. Parce que cela veut dire qu'on va créer un fossé indélébile entre nous, une fin officielle à notre histoire... Et ce n'est pas ce que je veux. Je ne l'ai même jamais voulu.

— Il faut qu'on voie un avocat avant, dis-je pour tenter de gagner du temps.

— Pourquoi ?

— Parce qu'on ne sait pas ce que le mariage a comme conséquences sur nos biens respectifs. Je ne veux pas que la justice sépare l'entreprise en deux à cause de ça, ou me retrouver à perdre les parts que je possède dans la société de mes parents. On ne peut pas faire ça sur un coup de tête.

Je mens, et je me sens horrible de le faire. Je sais parfaitement qu'il n'y a aucun risque, que les biens acquis avant le mariage restent la propriété de chacun... Mais il est évident que Mia ne le sait pas.

— Tu es sûr de ce que tu avances ?

— Tu me fais confiance ?

Elle hoche la tête et j'inspire profondément en tentant d'ignorer ma culpabilité. J'ai besoin de temps pour lui montrer que peu importe ce qu'elle me cache, je m'en fous royalement. Je la veux, tout entière. Quitte à ce qu'elle soit ma femme pour l'éternité.

— Hayden ne doit rien savoir de cette histoire. Jamais. Tu m'as compris ? souffle-t-elle en retrouvant son aplomb de O'Leary.

Chapitre 7

Mia

J'ai préféré prendre un vol commercial pour le retour jusqu'à New York. Max a tenté de m'en dissuader, mais j'avais besoin de mettre un maximum de distance entre nous. Le trajet en business class est loin d'être désagréable, et surtout j'ai pu mettre mes idées au clair, loin de Max. Je n'arrive pas à croire que j'ai fait ça, que je me suis mariée avec lui… Dire « oui » à Vegas, cela aurait pu m'arriver quand j'étais étudiante, quand je ne pensais qu'à m'amuser… Mais certainement pas depuis que j'ai repris la boîte familiale. Je suis à la tête d'une entreprise lucrative, je ne peux pas me permettre de tout risquer dès que quelque chose ne va pas. Je dois garder les pieds sur terre.

Je fixe ma table basse, sur laquelle est posée cette stupide bague, et je la fixe sans savoir quoi faire. Je sais que c'est moi qui l'ai choisie, car elle est exactement dans mes goûts… En or jaune, avec des petites pierres de couleurs différente. Si l'idée de me marier un jour ne m'avait pas quittée, cette alliance aurait représenté un rêve… Mais aujourd'hui ce n'est rien d'autre qu'une bêtise monumentale, tout comme ce tatouage à mon poignet. Je ne dois pas juste divorcer, je dois réussir à effacer cette preuve de ma peau avant que mon frère n'apprenne ce que j'ai fait avec son meilleur ami.

Ma porte d'entrée s'ouvre en grand. Lorsque Lexy m'aperçoit en boule sur mon canapé, elle me rejoint immédiatement. J'avais besoin d'une amie, et elle est la seule que je considère comme telle. Lorsque je l'ai appelée, elle n'a pas hésité une seule seconde à me rejoindre, et je lui en suis éternellement reconnaissante. Je ne peux pas continuer à garder ce secret pour moi. J'ai besoin d'évacuer.

— Hé... Qu'est-ce qui t'arrive ? Ton message m'a inquiétée..., me dit-elle en s'asseyant à mes côtés.

Je ne réponds rien, la gorge nouée et les yeux brillants. Je suis bien incapable d'avouer tout haut ce qui est arrivé entre Max et moi, cela rendrait la situation trop réelle. Je n'ai pas seulement failli coucher avec lui, je l'ai épousé ! Et c'est bien pire. Je lève le bras pour montrer mon poignet sur lequel est gravée mon erreur.

— Tu t'es fait tatouer ? C'est ça, le souci ? Y a écrit quoi ? Si c'est raté, tu peux toujours...

Mais Lexy s'interrompt lorsqu'elle déchiffre enfin l'inscription.

— Oh ! bon sang... Cela dit, Koffman... C'est un nom répandu, n'est-ce pas ?

Je lâche un rire sans joie en secouant la tête, une larme roulant sur ma joue.

— En Allemagne, oui. Ici, pas tant que ça. Je n'en ai malheureusement qu'un dans mes contacts.

— Et qu'est-ce que ça veut dire... ?

Je n'ose même pas lui avouer.

— C'est quoi, l'expression, déjà ? Ce qui arrive à Vegas reste à Vegas ?

— Ça, c'est uniquement pour les gens qui veulent se complaire dans le déni. Et ce n'est jamais bon.

Un soupir m'échappe. Elle a raison, même si une part de moi aimerait faire l'autruche.

— On s'est... mariés.

Je n'ai pas besoin d'observer le visage de Lexy pour savoir qu'elle a du mal à y croire. Elle s'affaisse sur mon canapé, visiblement aussi perturbée que moi par cette information que personne n'avait vue venir. J'ai accepté ce rendez-vous en espérant faire aussi bien que mon frère, et voilà que tout ce dont je suis capable c'est me marier à Las Vegas avec son ami de toujours. Je me sens minable.

Lexy sait ce qui est arrivé entre Max et moi, et elle sait aussi qu'il n'y a plus rien. Je ne pouvais pas imaginer pire situation, surtout parce que j'ai envoyé tout un tas de signaux contraires à Max. J'ai besoin d'une amie pour m'aider à réparer cette catastrophe.

— Tu sais que tu es dans la merde…, déclare-t-elle dans un souffle.

— Nan, t'as deviné ça toute seule ? grommelé-je.

Quand je me suis réveillée auprès de Max, je pensais avoir simplement couché avec lui. Un petit écart pendant un voyage d'affaires. Rien que nous ne puissions pas dissimuler et oublier, une fois rentrés. Mais ce petit écart s'est transformé en une merde sans nom. Lexy caresse son ventre d'un geste lent, le regard perdu dans le vide alors que j'attends avec impatience qu'elle me dise quoi faire. Elle a toujours une solution.

— Je ne sais même pas quoi te dire, Mia… Vous avez déjà discuté de ce que vous allez faire pour la suite ?

Je me passe la main sur le visage, le cœur serré.

— Divorcer. Il n'y a que ça à faire. Max doit trouver un avocat pour qu'on en finisse au plus vite. Et en attendant je dois faire attention à ce que Hayden ne l'apprenne pas… On sait toutes les deux comment il réagirait.

— Apparemment, il a dit clairement à Max qu'il n'avait pas intérêt à te toucher… Et nous savons toutes les deux qu'il tient trop à toi pour laisser passer une chose pareille.

Je ferme les yeux, imaginant facilement Hayden refaire le portrait de Max. Il détesterait son pote pour avoir dérapé de la sorte… alors que nous sommes deux dans cette histoire. Et, si je préfère que ça ne se sache pas, c'est autant pour lui que pour moi.

— Tu te rends compte, Lex ? Non seulement je merde en beauté pour ce rendez-vous, mais en plus je me marie avec la seule personne avec qui ça n'aurait pas dû arriver…

— Tout arrive pour une raison… C'était peut-être un signe pour que tu lui donnes sa chance après tout ce que vous avez vécu.

Lui donner sa chance ? Mariage ou non, ce n'est pas dans mes options. Je ne donnerais une chance à personne. Lexy devrait pourtant le savoir, en dehors de ma famille, elle a été l'une de mes premières confidentes après…

— Je suis malade et je ne peux rien y faire. Je n'ai pas l'envie ni la force de me marier et encore moins avec le premier venu.

— Le premier venu ? Tu ne te moquerais pas un peu de moi ?

Mon amie se redresse sur le canapé et tente de se tourner vers moi malgré son ventre bien rebondi. Je l'observe en tentant de retrouver mes esprits. Elle a parfaitement raison, Max est loin d'être le premier venu, et c'est d'ailleurs ce qui complique d'autant plus la situation.

— Il va falloir qu'on trouve un moyen de cacher ça le temps que ce soit réglé, dit Lexy. Tes parents ont organisé une soirée dans trois jours, Hayden ne doit surtout pas l'apprendre. On va te trouver du maquillage pour couvrir ton tatouage, et peut-être une robe à manches longues en double sécurité.

Je hoche la tête pour acquiescer. Je savais que Lexy prendrait tout ça en main pour moi.

— Ça ne devrait pas être si compliqué, soufflé-je, à moitié soulagée.

— Max aussi est invité, Mia.

Je lâche un grognement de frustration. Pourquoi faut-il que, plutôt que d'épouser un inconnu, j'aie choisi un homme apprécié de mes parents en plus de mon frère ? J'ai l'impression que, dès que j'ai le moindre espoir de m'en sortir, un nouvel obstacle apparaît.

Il ne me reste qu'une solution pour me sortir de là. Je dois éloigner les soupçons de Hayden et repousser suffisamment Max pour être sûre de ne plus déraper, que ce soit avant ou après le divorce. Et je sais exactement comment faire.

— Je vais venir accompagnée chez mes parents. Ça mettra de la distance avec Max, et mon frère sera loin d'imaginer qu'il ait pu se passer quoi que ce soit.

Lexy se mord la lèvre, peu convaincue. Je ne vois pourtant pas d'autre option pour me sortir de ce merdier.

— Tu crois que Max va apprécier ? Il tient à toi, ça se voit...

— On n'est pas vraiment mariés, Lex. On a couché ensemble il y a un moment déjà, c'est tout. Aujourd'hui, il n'y a plus rien et il faut qu'il le comprenne, sinon, on n'arrivera jamais à s'en sortir.

— Et tu sais avec qui tu vas y aller ?

Je grimace à cette simple idée. Oui, je sais précisément qui accepterait de m'accompagner à cette soirée... Et cela risque de déplaire à tout le monde, mais je n'ai pas beaucoup d'autres choix. *Et je sais que ça déclarera officiellement la guerre entre Max et moi.*

Je sors de mon bureau, le cœur battant à tout rompre. J'ai passé la journée à travailler, à éviter Max, et surtout à tenter de ne pas penser au rendez-vous que j'ai donné à celui qui est censé m'accompagner chez mes parents. Je ne l'apprécie pas forcément, mais je suis au moins certaine qu'il ne va pas s'intéresser à l'argent de ma famille. C'est un critère non négociable, je refuse de faire rentrer des vautours dans mon cercle privé.

Je m'approche du distributeur pour prendre un café, et je me tends lorsque mon collègue entre dans la pièce et me rejoint près de la machine. S'il n'était pas comme il est, peut-être que son charme aurait réellement pu me plaire. Ses cheveux blonds sont parfaitement coiffés, et je suis certaine que certains apprécient son... style. Mais je n'ai jamais été une grande fan des pulls en laine recouverts d'une veste de costume, même si ce qui se cache en dessous est sûrement attrayant.

— Je suis content que tu m'aies appelé, depuis le temps, déclare Michael en m'observant.

Je lui adresse un sourire crispé. Bien avant de me faire virer de mon école de commerce, j'étais dans la même promo que lui. Il était prêt à tout pour réussir, jusqu'à écraser les autres... Et je ne compte pas le nombre de personnes qu'il a évincées. Je le détestais d'être si con, et j'ai peut-être accidentellement piraté ses résultats pour qu'il ne soit jamais major de promo... *Au moins, il ne le sait pas.*

— Avec plaisir. Je me suis dit qu'après toutes ces années on avait sûrement plein de choses à se raconter, déclaré-je sans en penser un mot.

— On aurait aussi pu se les dire à l'époque si tu t'étais montrée plus sympa.

Je serre les mâchoires en me retenant de lui dire le fond de ma pensée. Moi, peu sympathique ? Ce mec est un queutard qui a essayé de me draguer pour avoir mon frère parmi ses contacts. C'est d'ailleurs pour ça que Hayd et Max le détestent. Ils le trouvaient trop hautain et intéressé, sans compter le fait que je couchais déjà avec Max à l'époque et qu'il n'appréciait pas l'insistance de Michael. Le seul avantage, aujourd'hui, c'est qu'il travaille pour moi, il n'a donc plus d'autre intérêt à me draguer que le fait que je lui plaise... Mais moi j'en ai un.

— Justement, je me disais qu'on pourrait profiter de la soirée que donnent mes parents chez nous pour se voir, je cherche un cavalier. Qu'en dis-tu ?

Michael blêmit, et je m'attends à ce qu'il décline. J'aurais dû savoir que ce ne serait pas si facile.

— Tu veux dire chez eux ? À ton domaine familial ?

Je lève les yeux au ciel. À croire que la maison de mes parents ressemble à un château !

— Oui, Michael, généralement, quand on invite des gens chez soi, comme je viens de le dire, c'est chez soi.

Michael lâche un rire nerveux, et je pourrais presque le trouver mignon s'il ne m'agaçait pas autant.

— Alors ? Qu'est-ce que tu en dis ?

— J'en dis que je t'accompagnerai avec plaisir, déclare-t-il contre toute attente.

Un sourire prend à nouveau place sur mes lèvres, sincère, cette fois-ci. Je viens de trouver un cavalier, un moyen de tromper mon frère, ainsi que l'occasion de réussir à repousser Max, au moins le temps d'une soirée.

Chapitre 8

Mia

J'ai beau ne pas être au mieux de ma forme en ce moment, j'ai décidé de me préparer impeccablement pour la fête qui m'attend et de me reprendre en main. Ces derniers jours ont été chargés. Ce n'est pas parce que ces abrutis d'investisseurs m'ont posé un lapin à Vegas et que je me suis mariée qu'il faut baisser les bras. J'ai pris moi-même la liste de potentiels investisseurs pour notre nouvelle action, et je me suis chargée de créer un dossier pour chacun. Il n'est plus question de laisser quelqu'un m'influencer dans mes décisions, je suis la seule et unique P-DG de cette entreprise, et je compte bien ne faire confiance qu'à moi-même.

Résultat ? En trois jours, j'ai obtenu tous les financements dont j'avais besoin, et validé les projets en attente du côté de la compta. Il faut croire qu'on n'est jamais si bien servi que par soi-même.

Le seul bémol, c'est que j'ai dû voir une partie des détails avec Max. Le but de notre nouvelle action est de créer un foyer pour les femmes battues dans les pays en voie de développement, et, à présent que nous avons les fonds nécessaires, une soirée de lancement doit être organisée. Je n'ai pas le temps de le faire seule, et Max est une pointure dans ce domaine. La preuve en est que, même si la fête en l'honneur de son retour n'a pas encore eu lieu, d'après ce que j'ai vu de ses recherches Internet, étant donné que nous avons un serveur commun, il prévoit quelque chose de grand. C'est ce qu'il nous faut. Une soirée qui fasse parler de nous. Et je suis certaine que, si je laisse Max organiser ça avec mon frère, je ne serai pas déçue. *Je dois séparer ma vie professionnelle de ma vie personnelle.*

Outre ce détail, nous n'avons pas échangé plus que ça. Ni sur le fait que nous soyons mariés – bien qu'il ait jeté quelques coups d'œil à mon poignet – ni au sujet de cette soirée où nous allons nous croiser. Je ne m'en plains pas, moins j'y pense, mieux je me porte.

J'ajuste le décolleté de ma robe trapèze dans le miroir, prête à rejoindre mes parents. Je me suis changée dans ma chambre d'adolescente pour ne pas avoir à faire le trajet dans cette robe dorée, et accessoirement pour ne pas me retrouver dans une voiture avec Michael. Ce serait prendre le risque qu'il tente quelque chose, et je ne suis clairement pas dans cet état d'esprit. Il doit me retrouver sur place un peu plus tard, et ça me convient parfaitement comme ça.

Je sors de ma chambre pour rejoindre le rez-de-chaussée, mais je m'arrête lorsque je tombe nez à nez avec Hayden et Max devant les escaliers, en pleine conversation. L'attention de mon mari à durée indéterminée se pose sur moi, et je déglutis en voyant très clairement son regard se perdre dans mon décolleté. *Mais quel abruti ! Il n'a rien de mieux à faire que de me mater devant son meilleur pote ?*

— Tu es très belle, Mia, déclare Hayden.

Max se racle la gorge.

— Ouais, cette robe te va bien.

Hayden jette un regard noir à son ami avant de s'approcher de moi, et je tente de ne pas paraître tendue. Mon tatouage est couvert, je ne porte pas cette foutue alliance, il ne peut rien savoir.

— Si tu veux, Avery et Lexy sont en bas avec papa. Il a du mal à les lâcher, dit Hayden en plaisantant.

Rien de bien étonnant. Si, au début, mon père n'appréciait pas Lexy par peur que sa situation entache le travail de mon frère, il s'est très vite attaché à elle et Avery, qu'il considère maintenant comme sa petite-fille au même titre que le bébé à venir. Et, même si j'ai très envie de les retrouver, autre chose m'attend, malheureusement...

— C'est gentil, mais j'attends quelqu'un.

Max pâlit en entendant cette information alors que Hayden hausse les sourcils, visiblement satisfait.

— Tu attends un homme ? Tu es accompagnée ?

Je sens le regard de Max peser sur moi, il attend que je nie, j'en suis certaine, et c'est bien pour ça que j'évite de tourner la tête dans sa direction. Il me déstabilise trop, ce n'est pas bon pour mes plans.

— Oui, je l'ai rencontré au travail, soufflé-je d'une voix peu assurée.

— Waouh, tu prends donc exemple sur Lexy et moi ? dit Hayden, moqueur.

Mais je n'ai pas le temps de répondre que Max prend la parole.

— À ce sujet, j'ai quelques détails à voir avec toi, tu aurais deux minutes m'accorder ?

Sa voix est froide, distante. Et, lorsque mon regard croise enfin le sien, j'y lis toute la colère qu'il ressent. Je savais qu'il détesterait l'idée, et c'est précisément pour ça que c'est le plan parfait. Il n'est pas question que je le laisse me dévier du droit chemin.

— On verra ça demain, Max. Ce soir, je ne travaille pas, je profite de ma famille.

Je lui souris, et Max attire mon attention sur sa main, dans laquelle se trouve son alliance. Il veut me déstabiliser, et ça marche. Je blêmis, tentant de cacher ma panique alors que mon cœur s'emballe sans que je ne le contrôle.

— Bon, je vous laisse entre vous, je vais voir si mon cavalier est arrivé, déclaré-je avant de me trahir.

Je les contourne sans attendre, tête baissée. Je ne veux pas prendre plus de risques, et surtout je veux tenter d'oublier tout ce merdier pour le moment. Lorsque j'arrive au rez-de-chaussée, je soupire de soulagement en découvrant Michael. Je suppose que ma mère a dû l'inviter à entrer. Je ne suis pas ravie de sa présence, mais je suis au moins certaine que maintenant qu'il est là Max ne tentera rien qui pourrait nous foutre dans la merde.

— Waouh, Mia, tu es splendide !

Je lui souris en arrivant à son niveau, satisfaite de voir qu'il a quitté son pull en laine pour un trois-pièces plus classique.

— Tu n'es pas mal non plus, dis-je avec sincérité.

— Mia ! Je me demandais quand tu descendrais !

Je me tourne vers ma mère, heureuse d'être ici. J'ai l'impression de ne pas l'avoir vue depuis une éternité, avec le travail qui me prend tout mon temps. J'ai toujours été proche d'elle, c'est mon modèle, et je suis certaine que ça ne changera jamais. Elle a troqué son éternel tailleur pour une jolie robe stricte, et elle est magnifique, comme toujours.

— Maman, je te présente Michael, Michael, voici ma mère. Il travaille pour nous, précisé-je.

Ma mère semble ravie de me voir accompagnée, et je regrette de devoir lui mentir, mais je ne peux pas non plus lui dire la vérité. Alors je les laisse discuter ensemble, et j'en profite pour jeter un coup d'œil à l'escalier, où Max se tient, l'air plus furieux que jamais. Je savais que découvrir Michael à mon bras l'énerverait, je mentirais si je disais que je l'ai choisi par hasard. Il sort son portable, et je fais de même, préparée à le voir m'écrire.

MAX :
Lui ? Vraiment ? Tu te fous de ma gueule, Mia ?

Je fronce les sourcils en tapant ma réponse.

MIA :
Je ne vois pas où est le problème.

Je mens, je sais parfaitement ce qu'il me reproche mais je préfère faire l'autruche. Je souris à ma mère et Michael pour faire comme si leur discussion m'intéressait, alors que toutes mes pensées sont dirigées vers celui qui est devenu mon mari par erreur.

MAX :
Sait-il que tu l'as recalé à l'époque parce que tu couchais avec moi ? Est-ce qu'il sait que c'est moi que tu embrassais il y a encore quelques jours ? Que je t'aurais possédée corps et âme si je n'avais pas refusé tes avances parce que tu avais trop bu ? Il sait tout ça ?

Sans le contrôler, je serre les cuisses tout en lisant chacun de ses mots. Des souvenirs bien enfouis remontent à la surface. Le problème est là, avec Max, je n'arrive pas à le détester plus que je le désire, et c'est ce qui rend la situation si difficile. Je mets mon téléphone en silencieux avec la ferme intention de ne pas le laisser m'atteindre. Il a complètement raison, et c'est pour ça que la solution réside dans mon cavalier. Pas question de laisser Max m'entraîner dans cette relation que nous avions avant. J'ai trop à perdre, aujourd'hui.

— Est-ce que vous voulez attendre les autres invités dans le salon ? Des amuse-bouche y sont servis, vous y serez plus tranquilles.

J'accepte, bien trop heureuse de me soustraire au regard de Max. Mais celui-ci nous suit, comme s'il avait peur de me voir m'éclipser avec Michael, et je tente de l'ignorer, encore plus lorsque Hayden le rejoint. Je me tourne vers mon cavalier, un sourire faux sur les lèvres.

— Est-ce que ça te dit d'aller faire un tour dehors ? proposé-je pour m'éloigner des garçons.

Michael me jette à peine un regard, trop occupé à observer les amis de mes parents.

— Plus tard, je préférerais dire bonjour à tout le monde d'abord, si tu veux bien.

Je hausse les sourcils, absolument pas dupe. Il cherche des contacts. Travailler pour moi ne lui suffit donc pas. Max a peur de me voir partir avec ce mec ? Il n'y a aucun risque. Il ne me porte clairement aucune attention. Et plus la soirée passe, plus il parle de son travail, de ses réussites… À croire que « je » est son mot favori. Il réussit même à donner sa carte de visite à un ami de longue date de ma mère qui travaille dans l'immobilier. C'est un vautour. Pire encore, lorsque Avery tente de discuter avec lui, ce qu'elle ne fait que rarement avec des inconnus, il ne lui répond pas. Ce mec n'est qu'un boulet.

Je reste tout de même à ses côtés pour la forme, je vois bien Hayden me jeter des coups d'œil réguliers, et je finis par chercher Max du regard pour le découvrir en train de m'observer. Au moins, en sa compagnie, je m'amuse. Ses yeux parcourent ma silhouette mise en valeur dans ma robe de soirée, et ma respiration se bloque dans ma poitrine. J'aime l'effet que je lui fais, même si je ne devrais pas. Je le fixe quelques secondes, mais, lorsqu'il amorce un pas dans ma direction, je me tourne vers Michael. Alors que la personne avec qui il discutait lui tourne le dos, je m'approche de lui pour l'embrasser et empêcher tout risque que Hayden nous voie, Max et moi.

Michael répond à mon baiser, visiblement satisfait que je fasse le premier pas, et je me tends un peu plus. Je ne ressens rien. Je grimace lorsqu'il tente de glisser sa langue dans ma bouche, et je m'écarte, regrettant mon geste.

— Tu voudras qu'on aille chez moi après la soirée ? propose-t-il.

Je jette un coup d'œil à Max, et celui-ci vide son verre d'une traite avant de tourner les talons.

— Je m'excuse, il faut que j'aille voir quelque chose, rétorqué-je en ignorant sa question.

Je me dirige vers le couloir, l'abandonnant sans scrupules. Mais, lorsque je tourne, on me tire pour me plaquer brusquement contre une porte, et des lèvres s'écrasent contre les miennes. Des lèvres que je ne connais que trop bien et que je suis incapable de repousser.

— À quoi tu joues, Mia ? Tu veux me faire péter un câble devant ton frère, c'est ça ? Ou tu veux juste me chercher pour me faire sortir de mes gonds ?

— Ce n'est pas ce que tu crois, dis-je, haletante, bien trop perturbée par son contact.

Max pose une main à côté de mon visage, le regard plus noir que jamais. Je garde la tête haute. Je ne m'écraserai pas devant lui.

— J'ai entendu ce qu'il t'a proposé, déclare Max.

— Et alors ?

Il est là, mon problème. Peu importe la situation, le chercher et le voir réagir m'excite bien trop. Et je sais qu'il aime ce jeu aussi.

— Et alors il est hors de question que je te laisse partir avec lui.

— Pourquoi ?

Max remonte ma robe jusqu'à pouvoir passer une main sous mon sous-vêtement, et j'ai l'impression que mes jambes vont finir par céder face au manque.

— Parce qu'on sait tous les deux qu'il y a quelqu'un ici qui ne demande qu'à te satisfaire et qui le fera bien mieux que n'importe qui d'autre.

— Prouve-le, dis-je sans réfléchir.

Max relève vivement la tête, visiblement aussi surpris que moi par mon audace, et je ne retire pas ce que je viens de dire. J'ai terriblement envie de lui. Je viens de passer la soirée à me souvenir de la sensation de ses doigts en moi, de sa bouche sur mes lèvres intimes... Et j'ai trop besoin de lui pour réussir à le repousser.

Chapitre 9

Max

Il ne m'en faut pas plus pour la ramener contre moi et embrasser chaque parcelle de sa peau. Je ne devrais pas, je le sais parfaitement, rien n'est réglé entre nous et ça ne va faire que créer une plus grande zone d'ombre, mais j'en ai trop envie pour être raisonnable. Je me fous de savoir que des invités sont de l'autre côté de cette porte, que le cavalier de Mia n'apprécierait sûrement pas ça. Ce soir, nous sommes tous deux sobres, et je n'ai aucune envie de résister à ses avances. Je l'embrasse sans retenue, mes mains dérivent dangereusement jusqu'à la partie la plus sensible de son anatomie, et je glisse mes doigts dans sa culotte pour frôler sa vulve. Je lui mords la lèvre, lui tirant un gémissement.

— Tu dis ne vouloir personne, puis tu te ramènes avec ce mec, soufflé-je d'un ton mauvais.

J'appuie un peu plus fort mon bassin contre le sien, avant de lui mordiller l'épaule. Je déteste la voir avec quelqu'un d'autre. Au moins, en France, je ne m'infligeais pas ce calvaire. Mia m'observe, les yeux brillants autant de désir que de défi.

— Je fais ce que je veux, lâche-t-elle en haletant.

— Peut-être. Mais pour le moment on est liés pour le meilleur et pour le pire…

Je passe un doigt sur son poignet de façon à retirer le fond de teint de son tatouage.

— Tu n'es qu'à moi.

— Ce mariage est faux, gémit-elle lorsque mes doigts s'insinuent en elle.

— Il est vrai, il n'est simplement pas significatif.

Mais il pourrait le devenir, si elle me laissait une vraie chance et non pas de pauvres moments volés dans une soirée.

Je soulève sa jupe jusqu'à pouvoir baisser son sous-vêtement. Mia passe une main dans mes boucles pour m'encourager à continuer lorsque je me mets à genoux devant elle. C'est bien la seule à qui je m'autorise à faire des cunnis, j'espère qu'elle a conscience du fait que me mettre à genoux est une preuve de ce que je ressens. Elle me fixe, les yeux à présent plus sombres, et j'hésite un instant à l'embrasser. Si je fais ça, plus de retour en arrière… Parce que je serai incapable d'oublier son goût. Mais je crois que c'est précisément ce que je veux.

Ma langue caresse son intimité avec douceur, guidée par les mains de Mia dans ma chevelure. J'aspire son clitoris entre mes lèvres. Je la sens se contenir, ses jambes tremblent à chaque coup de langue, et quelques soupirs lui échappent. On pourrait nous entendre, et, même si cette idée devrait nous inquiéter, elle m'excite encore plus. J'aime la voir prendre son pied en sachant que son abruti de cavalier est de l'autre côté de cette porte. J'aime qu'elle ait parfaitement conscience du fait que je suis le seul capable de la satisfaire.

J'insère ma langue en elle en un doux mouvement de va-et-vient et, lorsque Mia me demande d'accélérer, je souris sans l'écouter. Je veux faire durer le plaisir, la pousser suffisamment à bout pour que la chute soit délicieuse et que cet orgasme soit mémorable. Qu'elle n'oublie rien.

Lorsque je positionne mes dents contre son clitoris, je sens Mia se contracter, ses jambes vibrent, et la délivrance arrive enfin. Je me relève et plaque mes lèvres contre les siennes pour la faire taire, partageant son goût au passage, mais, alors que je veux aller plus loin, quelques coups résonnent contre la porte. Je m'éloigne presque immédiatement en lui tendant son sous-vêtement, qu'elle enfile en vitesse, et elle semble tout aussi paniquée que moi. Je lui fais signe de ne rien dire, mais avant que j'aie pu faire quoi que ce soit la porte s'ouvre sur... Avery. *On aurait dû fermer à clé, merde !*

— Pourquoi vous êtes là ? demande-t-elle.
— On discutait, s'empresse de répondre Mia.
— Tu mens. Vous vous embrassiez ?

Je lâche un grognement agacé en plaçant mes mains sur mon crâne. Cette gamine m'exaspère par son intelligence !

— Non, Avery. On discutait du travail, puisque Max bosse pour moi. Tu sais très bien que je suis venue avec Michael.

Je grimace à ce nom. Ma tête avait beau être entre ses cuisses quelques secondes plus tôt, ça ne veut pas dire que je digère ce qu'elle a fait ce soir.

— Je ne l'aime pas, déclare finalement Avery.

Je hausse un sourcil en me tournant vers elle. J'ai dit qu'elle m'exaspérait ? Je retire, j'adore cette gosse.

— Eh bien, ce n'est pas grave, Avery, répond Mia avant que je ne l'encourage, on ne peut pas aimer tout le monde. Maintenant, on va retourner à la fête, OK ?

Avery hoche la tête avant de tourner les talons, et Mia s'apprête à faire de même au moment où je la retiens par le bras. Elle ne croit quand même pas partir après ce qui vient de se passer ?

— Tu vas vraiment me laisser en plan ? On ne va pas parler ?

Mia approche son pouce de mes lèvres pour retirer une trace de ce que je léchais un peu plus tôt, et lorsqu'elle glisse son doigt dans sa bouche j'ai l'impression de devenir fou. Elle le sait, car elle tourne les talons sans me répondre, un sourire satisfait aux lèvres. Elle veut jouer à ça ? Elle veut me rendre fou ? Elle cédera bien avant moi.

Une dizaine de minutes plus tard, je sors de la pièce, la mâchoire crispée. Je ne pouvais décemment pas suivre Mia dans la foulée, alors que ce qui se trouve entre mes jambes aurait pu me trahir vis-à-vis de mon meilleur ami. J'aurais aimé montrer à Michael qu'elle est déjà prise, mais Hayden compte plus qu'un crétin.

Lorsque je rejoins la salle principale, je me crispe en découvrant Mia à côté de cet abruti. J'espérais qu'elle se serait éloignée, je me trompais. C'est douloureux. Je rejoins Hayden en tentant de garder mon calme. Ce dernier observe sa femme sortir avec Avery, avant de poser son regard sur Mia, l'air mécontent.

— J'aurais préféré apprendre que tu te tapais ma sœur que la voir au côté de cet abruti, grommelle Hayden en me voyant arriver.

J'écarquille les yeux, surpris et attiré par cette idée.

— On peut s'arranger, si tu veux…

Mon meilleur ami se tourne vers moi, le regard plus noir que jamais, et je lui souris avec insolence. J'aurais presque envie de rire face à son air étonné, si je n'avais pas si peur qu'il m'en colle une.

— C'était une blague, mec. Tu peux te détendre.

— T'as plutôt intérêt, rétorque-t-il aussi sec. Je suis sérieux, Max, tu ne l'approches pas.

Son visage est tiré, et je connais cet air par cœur. Celui qui veut dire « si tu désobéis, je te le ferai payer ». Hayden a beau être mon meilleur ami, il tient plus que tout à sa sœur. Je déglutis péniblement tout en jetant une œillade à Mia. Je crois que c'est un peu tard pour me tenir éloigné… Et je déteste la situation dans laquelle je me trouve, parce que je suis incapable de choisir entre les deux.

— C'est toi qui l'as engagé, je te rappelle. Tu ne peux t'en prendre qu'à toi-même, dis-je pour détourner son attention.

— Oui, parce qu'à l'époque il avait quelque chose à apporter à l'entreprise. Aujourd'hui, c'est un boulet, il n'est même pas capable d'utiliser les nouvelles technologies.

Je lâche un rire rauque, peu surpris par cette information. Ce mec était déjà un gros con quand Mia l'a rencontré, il se croyait le meilleur, et était même persuadé que ma *Miamor* finirait par céder à ses avances. Désormais, il a vingt-six ans, n'a pas l'air d'avoir évolué, et n'excelle visiblement pas dans son travail.

— Alors vire-le, déclaré-je.

Je suis à moitié sérieux. Qu'il soit éliminé du tableau m'arrangerait bien. Hayden m'observe, un sourire aux lèvres.

— C'est une excellente idée.

C'est à mon tour de le dévisager. J'adore cette possibilité, ce serait mentir que de dire le contraire. Mais je sais aussi que Mia doute de ses capacités, et, si Hayden se mêle de ses affaires, ça ne l'aidera pas.

— Non, Hayden. Tu ne peux pas faire ça. Tu n'es plus à la tête de l'entreprise, laisse Mia gérer. De toute façon, ce mec est un boulet, elle se rendra compte toute seule qu'elle peut avoir mieux…

Et surtout que ce mieux est tout près d'elle actuellement.

Je perds toute rationalité lorsque Michael se dirige vers nous alors que Mia tente de le retenir, sans succès.

— Hayden, ça fait longtemps, déclare-t-il une fois à notre niveau.

— C'est monsieur O'Leary, lui répond-il.

Je souris sans m'en cacher alors que cet abruti se tourne vers moi.

— Koffman.

Je hausse un sourcil sans lui répondre. Je ne l'aime pas, il en a conscience, fin de l'histoire. Mia m'observe, le regard encore brillant de ce qui est arrivé tout à l'heure, et je sais que cette situation la dépasse autant que moi. Le silence devient gênant, jusqu'à ce que la femme de Hayden se pointe, les joues rouges et un large sourire aux lèvres.

— Tu ne devineras jamais ce qu'Avery vient de faire, Hayden !

Michael lève les yeux au ciel, visiblement agacé par cette conversation. Je me demande ce que Mia fout avec lui. Elle aime les enfants, et je sais qu'elle aime surtout Avery. Alors pourquoi être avec un mec qui déteste visiblement les gosses ? Elle mérite mieux que ça.

Hayd sourit à sa femme, visiblement plus détendu lorsqu'elle est là, et j'en oublierais presque cet idiot de Michael.

— Qu'est-ce qu'elle nous a encore fait ?

— Elle vient de prendre un bain dans la fontaine de tes parents. Ta mère est en train de la sécher.

Je ne peux pas m'empêcher de sourire, et Mia, à proximité de son cavalier, éclate de rire. Avery est une terreur. À croire qu'elle a décidé de passer la soirée à nous en faire voir de toutes les couleurs. *Enfin, du moment qu'elle tient sa langue...*

— C'est super, oui, dit Michael en les interrompant. Sinon, Lexy, tant que vous êtes ici, j'avais une question en vue des promotions qui devraient arriver prochainement...

La femme de mon ami se tourne vers l'abruti, le visage soudain fermé, et j'échange un regard lourd de sens avec Mia. Il vient de commettre le faux pas que j'attendais. Personne n'a envie d'énerver cette femme. Pas même Hayden.

— Excusez-moi, mais je ne crois pas que vous vous soyez présenté, pour commencer.

Le partenaire de Mia blêmit.

— Michael Sanchez. Je travaille pour vous.

Je jette un coup d'œil à mon meilleur ami, qui observe sa femme avec une admiration débordante, puis j'observe à nouveau celui qui accompagne Mia. Il n'en mène pas large.

— Alors sachez, monsieur Sanchez, que vous n'êtes ici qu'au bon vouloir de ma belle-sœur. C'est une soirée privée, je ne suis pas là en tant que DRH mais simplement pour voir mes beaux-parents et pour profiter de mon mari et ma fille. Alors, si vous avez une quelconque question, je vous prierai de passer à mon bureau lundi matin.

Hayden se retient de rire, Mia l'observe d'un air désolé, et je tente de rester neutre pour ne pas montrer à mon ami à quel point je suis satisfait de voir sa sœur réaliser que c'est un idiot. Surtout quand il annonce aller prendre l'air, alors que nous savons tous qu'il ne reviendra pas.

Une fois seule, Mia nous toise à tour de rôle, l'air sérieux.

— Vous vouliez le faire fuir, c'est ça ?

Lexy s'approche d'elle tandis que je ne nie pas.

— C'était assurément l'intention de ces deux-là, dit-elle en nous pointant du doigt, Hayden et moi. Moi, je n'ai fait que remettre un employé intrusif à sa place. Crois-moi, Mia, tu peux trouver mieux.

Je fronce les sourcils lorsque Lexy me jette une œillade suffisamment furtive pour que son mari ne voie rien, mais assez appuyée pour que j'en comprenne le sens. Lexy sait, elle est visiblement de mon côté, et, si j'en crois la tête de Mia, celle-ci n'apprécie pas la sollicitude dont fait preuve son amie à mon égard.

— Je dois avouer que j'étais content de te voir accompagnée, mais si c'est pour ce genre de mecs… On sait tous les deux que ça ne te convient pas, déclare Hayden.

Mia lève les yeux au ciel, les lèvres pincées.

— Je suis la seule à savoir ce qui est bon pour moi, Hayd, tu n'as pas à t'inquiéter.

Elle replace une mèche de ses cheveux d'un geste brusque et, lorsque j'aperçois son tatouage, tout mon corps se fige. On n'a pas été assez vigilants. Il faut qu'on s'éloigne de Hayden au plus vite.

— Mia. Je dois te parler de quelque chose pour le travail.

— Max, je t'ai déjà dit que…

— Tout de suite, lâché-je sèchement.

Hayden et Lexy m'observent avec surprise alors que Mia hausse les sourcils. Je ne suis pas du genre autoritaire, en tout cas, pas en dehors du lit. Et Mia sait que je ne lui parlerais pas comme ça si ce n'était pas urgent.

— Excusez-nous, on revient, souffle-t-elle alors.

Je la tire sans attendre jusqu'à la pièce où nous étions tout à l'heure, et elle me jette un regard accusateur tandis que j'ai l'impression d'avoir évité le pire.

— Ne me dis pas que tu m'as emmenée ici pour finir ce qu'on a commencé tout à l'heure ? Parce que je ne suis clairement plus d'humeur.

Je ne lui réponds pas, je me contente d'attraper son poignet pour lui mettre sous le nez, la mâchoire crispée. Le visage de Mia se détend immédiatement lorsqu'elle comprend que je n'ai fait ça que pour nous éviter des ennuis.

— Oh ! putain !

Elle écarquille les yeux en lorgnant l'inscription, puis se dégage de ma prise pour sortir du maquillage de son sac et tenter de la recouvrir.

— Alors ? Tu doutes toujours de mes intentions ? lancé-je, les bras croisés.

Elle me jette un coup d'œil moqueur.

— J'étais assise sur cette table il y a peu, et ta tête était entre mes jambes. Alors oui, laisse-moi douter de tes intentions lorsque tu m'attires dans une pièce à l'écart des invités.

Une fois son tatouage parfaitement recouvert, Mia s'apprête à tourner les talons, mais je la retiens en lui attrapant la main. Le contact de sa peau me donne la chair de poule, je ne laisserai pas passer ma chance.

— Il faut quand même qu'on parle de ce qui s'est passé, Mia.

Elle s'immobilise en soupirant.

— Je sais. Mais, honnêtement, je crois que je ne suis pas capable de te dire clairement les choses, Max. J'ai envie de toi dès qu'on se trouve tous les deux, mais je ne veux pas de relation. Et cette histoire de mariage complique tout.

Elle s'ouvre. Enfin. Ce n'est pas la réponse que j'espérais, mais cela reste une réponse. Cette attraction physique a toujours été présente, mais je suis certain qu'il y a plus, qu'elle a simplement besoin de s'en rendre compte. Je suis prêt à l'y aider. Je pose une main sur sa hanche pour la rapprocher de moi, et le souffle de Mia se fait plus court.

— Demain soir, il y aura ma pendaison de crémaillère à l'ancien appartement de Hayden. On va d'abord boire un verre avec des collègues comme je l'avais prévu, puis ce sera avec les amis plus proches chez moi. Hayd, Lexy, quelques copains de fac... et toi. Si tu veux bien.

Je veux la faire entrer dans ma vie, pas seulement dans mon lit. Quand on était en France, c'était génial de s'amuser... Mais aujourd'hui je veux Mia sous tous ses aspects. Elle semble hésiter à accepter ma proposition, fixant son poignet comme si ce tatouage allait lui donner une réponse. Et, lorsqu'elle relève la tête, mon cœur se serre. Je sais déjà ce qu'elle va dire.

— Je ne préfère pas.

Elle dépose un baiser sur ma joue alors que je reste au milieu de cette pièce comme un con. J'ai l'impression que peu importe ce que je tente, elle s'éloigne, et je suis incapable de la retenir.

PARTIE II

Pour le meilleur et pour le pire

Chapitre 10

Mia

— Mia, on va boire un verre, tu veux venir ?

Max passe la tête dans l'embrasure de ma porte, et je me mords la lèvre avant de refuser. Même si je le voulais, je ne pourrais pas. J'ai une tonne de papiers à signer, des dossiers à relire... J'ai l'impression de ne pas en voir le bout.

— Tu es sûre ? Si c'est par rapport à ce qui s'est passé hier...

Je secoue vivement la tête pour le détromper. Son air déçu me ferait presque changer d'avis, mais je ne veux pas prendre le risque de déraper à nouveau, ou de le faire plus souffrir. Et, plus encore, je suis loin d'avoir finalisé les dossiers du jour.

— C'est gentil mais je n'ai pas terminé. Amusez-vous bien.

Il semble hésiter à insister. Ses cheveux bouclés sont légèrement décoiffés, et les manches de sa chemise, relevées sur ses avant-bras. Il est beau, comme toujours, et je suis certaine qu'il sait quel effet il a sur moi. Il suffirait d'un geste de sa part pour me détourner de mon travail. Heureusement, il n'en fait rien.

— Très bien. Bon courage, déclare-t-il d'une voix froide.

Max tourne les talons alors que mon cœur se serre. C'est dur de le repousser en sachant que ça nous fait du mal à tous les deux, mais c'est pour le mieux. Il faut que j'arrête de succomber à ses charmes. Il y a trop de raisons qui font que ce ne sera jamais possible entre nous.

Il faut que je me concentre sur quelque chose de concret. J'ouvre sur mon ordinateur le prochain dossier à étudier, et je me lance dans la suite de ma relecture en tentant de ne pas penser au reste, de ne pas imaginer Max sourire au milieu de ses amis alors que je suis coincée au bureau. Je corrige tout ce qui ne va pas dans le dossier, annotant chaque partie pour celui qui l'a réalisé, et, une fois que j'ai terminé, je passe au suivant sans grande conviction. Ce sont principalement des rapports d'investisseurs et des devis pour des actions associatives. Ce n'est pas la partie du travail que je préfère, je me sens plus à l'aise dans l'action, mais il faut bien en passer par là.

J'aime mon travail, ce n'est pas le problème. Et, avant que Max se décide à revenir, rester tard le soir me faisait du bien, me donnait l'impression d'être utile... Mais, depuis que j'ai cette distraction dans les pattes, je peine à me concentrer et je déteste ça. Ce que je fais habituellement en deux heures en demande maintenant trois, et je me prends la tête entre les mains, une migraine pointant le bout de son nez.

Lorsque j'entends le grincement caractéristique de la porte de mon bureau, je relève vivement la tête, imaginant déjà Max revenir. Mais je suis presque déçue de découvrir mon frère.

— Qu'est-ce que tu fais encore là ? demandé-je, étonnée.

— Lexy a emmené Avery à un anniversaire, ça lui fait du bien de passer du temps seule avec sa maman. J'en ai profité pour avancer dans le travail pour quitter plus tôt demain, on a notre cours de préparation à l'accouchement. Je ne vais pas tarder à rejoindre la soirée de Max.

Je tente de ne rien laisser paraître à la mention de son meilleur ami.

— Tu sais que même sans ça tu aurais pu partir plus tôt ? Je crois que tu connais assez bien la patronne, lancé-je, moqueuse.

Hayden lâche un rire rauque avant de s'installer face à moi. Depuis qu'il est marié, je ne passe plus beaucoup de temps seule avec lui, et je dois avouer que mon frère me manque parfois. Il a toujours été de bon conseil, je regrette qu'il ne puisse pas m'aider aujourd'hui.

— Et toi, bientôt terminé ?

Je soupire en lorgnant sur mes mails non lus.

— Absolument pas. J'ai la tête ailleurs en ce moment...

— Ça s'est vu hier, oui. Pourquoi tu as ramené ce Michael à la maison ? me demande Hayden, visiblement toujours aussi surpris.

Je l'observe, hésitante. Je pourrais mentir et lui dire que Michael me plaisait... Mais je sais qu'il comprendrait que c'est un mensonge. Notre collègue est bien trop égocentrique pour être mon genre. Alors mieux vaut me montrer honnête, du moins, autant qu'il m'est possible de l'être.

— J'en avais marre de te voir nous observer, Max et moi, alors que tu n'as aucune raison de le faire. Je voulais te le prouver.

Hayden paraît blessé par mes propos.

— Je te crois, Mia. Tu n'as pas besoin de te traîner un gros lourd pour me le prouver.

Je souris tristement en sauvegardant quelques fichiers. Je m'en veux de lui faire ça, parce qu'il n'a en réalité aucune raison de me croire, vu ce que j'ai déjà fait avec son ami. La seule chose qu'il doit savoir et qui est vraie, c'est que, peu importe quel type de relation j'entretiens avec Max, je souhaite rester seule.

— De toute façon, je n'ai pas spécialement envie d'être avec quelqu'un, soufflé-je.

— Pourquoi ?

Je sens mon frère m'observer avec insistance, mais je n'ose pas le regarder. J'ai eu ce genre de discussion avec

Lexy auparavant, mais jamais avec lui… Peut-être que ça devrait changer. C'est juste tellement difficile d'avouer mes peurs. Je replace une mèche de cheveux derrière mon oreille et je lève enfin la tête vers lui. Il semble inquiet pour moi, comme quand on était gamins et que je faisais une connerie. Je tente un sourire pour le rassurer, même si je sais que ça n'atteint pas mes yeux.

— Je n'ai pas envie de faire subir ma maladie à quelqu'un.
— Mia… Tu te rends compte que c'est profondément stupide ?

Je hausse les épaules. Il ne peut pas comprendre. Il essaye, je le sais, pourtant, tant qu'il ne le vivra pas, il ne pourra jamais vraiment se mettre à ma place. Mon rêve de toujours était d'avoir des enfants. Je voulais grandir, travailler dans l'entreprise de ma mère, construire une famille… Je m'imaginais déjà cette vie parfaite étant petite. Apprendre que je ne pourrais jamais en avoir m'a suffisamment brisé le cœur.

— Tu sais, c'est un sujet délicat, Hayden. Soit je ne dis rien, je construis une relation, et le jour où la personne l'apprend elle ne l'accepte pas. Soit je le dis dès le début, et je risque de faire fuir les gens.

En plus, je ne me vois pas aborder le sujet au premier rencard.

Hayden secoue vivement la tête.

— Tu as totalement mis de côté le fait que la personne que tu aimes puisse accepter ta condition. On peut vivre sans enfants, tu sais.
— Tu dis ça mais tu ne pourrais pas te passer d'Avery et tu es bien heureux du bébé à venir, rétorqué-je.

Il ne peut pas le nier, il n'est pas objectif. De mon côté, si j'avais eu le choix, je n'aurais jamais pu renoncer au droit d'être parent. Alors pourquoi quelqu'un le ferait pour moi ? Je n'en vaux pas la peine, et je le sais.

— Tu as raison, déclare-t-il. Mais c'est parce que je suis avec Lexy, que c'est la vie qui me convient avec elle. Si elle n'avait pas eu d'enfants, je serais quand même tombé amoureux d'elle, et on aurait aussi pu être heureux sans. Ce n'était pas une finalité.

Mon regard cherche le sien, et si je ne le connaissais pas par cœur je penserais qu'il ment. Pourtant, ses mots ne changent rien à la peine que je ressens et à ce blocage qui ne me quitte pas.

— J'ai peur de me lancer dans une relation, Hayden, avoué-je, la gorge nouée. J'ai peur d'avancer, de tomber amoureuse, et de regretter toute ma vie de ne pas pouvoir avoir d'enfant.

Je sens mes yeux s'embuer ainsi que ma vue se brouiller. Je déteste me montrer vulnérable, devoir m'ouvrir, parce que c'est prendre le risque d'être atteinte par les autres. Mais il faut que j'évacue tout ça. Dire la vérité aide parfois à aller mieux... Et je crois que ça peut m'aider à ne plus ressasser. Ce soir, j'ai besoin de mon frère et de ses mots.

— Tu peux avoir des enfants, Mia. L'adoption existe. Regarde : Avery n'est pas ma fille, pourtant, c'est tout comme. Tu as toujours des solutions. Il faut que tu gardes ça en tête. Est-ce que tu as vraiment envie de passer à côté de ta vie parce que tu te focalises sur ta maladie ?

Je secoue la tête, des larmes roulent le long de mes joues. Hayden vient s'asseoir sur mon bureau en me tendant un mouchoir. C'est dur de se rendre compte qu'une foutue maladie guide vos choix et gâche votre existence.

— Tu sais, quand j'ai rencontré Lexy, j'ai tout de suite su qu'il y avait quelque chose entre nous. Elle, elle ne se sentait pas prête, commence Hayden.

— Je sais, oui.

— Non, écoute-moi. Ce que je veux te dire, c'est que j'aurais pu lâcher l'affaire à la première difficulté, mais je ne l'ai pas fait. J'aurais pu me dire que ça n'avait aucun avenir, que je n'avais pas le temps avec mon travail... mais on forge son propre destin, Mia. Tu es forte, et je te sais capable de surmonter ça. Est-ce que tu as vraiment envie d'avancer seule pour toujours ? Tu peux dire oui. Mais, si tu fais ça par peur, alors tu fais le mauvais choix, sache-le.

Ma vue se brouille totalement, sans que je puisse le contrôler. Je veux choisir ma vie, je veux pouvoir vivre ce quotidien dont j'ai toujours rêvé. Et peut-être que je le peux. Peut-être que si je dis la vérité Max comprendra… Et, si Hayden accepte cette relation, peut-être que quelque chose sera possible entre nous. Mais pour le moment je suis bien incapable de dire quoi que ce soit. Alors, plutôt que de tenter de parler, je prends mon frère dans mes bras, reconnaissante d'avoir eu cette conversation avec lui. Je suis toujours mariée à son meilleur ami et il risque fortement de me détester pour ça, mais au moins je me sens enfin un peu plus légère.

Chapitre 11

Max

J'ai espéré. Toute la soirée, j'ai voulu croire au fait que Mia pourrait nous rejoindre. Même quand Hayden est arrivé à l'appartement, j'ai imaginé qu'elle serait avec lui. Je dois me faire une raison, ce n'est pas ce soir que je la verrai. Parfois, je me demande pourquoi je m'accroche. Après tout, c'est la sœur de mon meilleur ami, devenue ma patronne, avec qui je me suis marié sous l'empire de l'alcool... Il n'y a rien de raisonnable dans notre situation, le mieux serait d'arrêter. Mais je n'y arrive pas. C'est plus fort que moi.

J'observe, sans grand enthousiasme, mes invités discuter et boire quelques coupes de champagne. J'ai convié mon groupe d'amis du lycée : Jace, Stiles et Barry, ainsi que quelques collègues que je connais de longue date via Hayden. Lexy n'a fait qu'une apparition rapide, trop fatiguée par sa grossesse. À présent, il est déjà plus de 3 heures du matin, et il ne reste que Jace, Stiles, Hayden et moi. Cette soirée me paraît interminable. Je n'ai aucune envie de discuter. Je n'ai organisé cette fête que dans l'espoir qu'une personne vienne, et elle n'est pas là.

— Tu en fais, une tête, pour quelqu'un qui fait une pendaison de crémaillère.

Je me tourne vers Jace, en haussant les sourcils. C'est l'un de mes plus vieux copains, je l'ai rencontré bien avant Hayden, lorsqu'on était au lycée. Je ne le vois que peu par manque de temps, mais c'est un ami suffisamment présent pour le remarquer quand quelque chose ne va pas, et bien le seul à qui je peux parler de Mia sans risquer de m'en prendre une.

— Je réfléchissais, dis-je seulement.

— À ce dont tu m'as parlé l'année dernière ? Tu es toujours là-dessus ?

Je lui jette un regard noir en désignant Hayden, et Jace sourit un peu plus. Il n'est pas dupe.

— Il discute, tu peux te détendre, vieux. Tu couches toujours avec ?

— Pas vraiment, grommelé-je.

— Comment ça, pas vraiment ? C'est oui ou c'est non, on peut difficilement coucher à moitié avec quelqu'un.

Tout me semble si compliqué. Parfois, je regrette le temps où j'étais en France et où on ne se voyait que tous les trois à six mois, avec Mia. Au moins, à cette époque-là, Mia me parlait encore, et je pouvais profiter de sa présence sans avoir un million de préoccupations. Hayden était trop loin pour nous surprendre, alors aucun de nous ne s'en souciait.

Jace m'observe avec insistance, et je soupire avant d'avouer :

— On a failli coucher ensemble hier, mais autrement on n'a rien fait depuis des mois.

Je me garde bien de dire que l'on s'est mariés lorsqu'on était à Las Vegas, Jace comprendrait trop vite ce qui est réellement arrivé, et c'est hors de question.

— Il est où, le problème ?

Je le dévisage en me retenant de rire. Il se moque de moi, n'est-ce pas ?

— Tu veux dire entre le fait que ce soit la sœur de mon meilleur ami, ma patronne et qu'elle ne veuille plus de moi ? Je ne sais pas, laisse-moi réfléchir au problème…

Je jette une œillade à Hayden, et celui-ci me sourit. Je m'en veux de lui faire ça, et en même temps je suis incapable d'arrêter. Ça n'aurait pas duré pendant trois longues années si j'étais capable de faire le bon choix. Sauf que, pour Hayd, je suis toujours ce type qui se fiche de ce que ressentent les autres. J'étais comme ça à l'université, et il ne passera pas outre.

— Souvent, quand on cherche des excuses, c'est qu'on a peur, rétorque Jace en me tirant de mes pensées.

— Je n'ai pas peur, affirmé-je un peu trop vite.

Jace lâche un rire, absolument pas dupe. En réalité, je suis terrorisé. Mais pas pour les bonnes raisons. Les relations sérieuses ne m'effraient pas, je ne vois même pas ce qu'il y a de flippant là-dedans. C'est vrai que je n'en voulais pas à une époque parce que je voulais profiter de ma liberté, mais ça ne veut pas dire que je faisais un rejet total de l'engagement. Non, ma vraie peur, c'est de perdre Mia. Elle compte beaucoup pour moi, et, avant qu'on ne commence à coucher ensemble, lorsqu'on s'est rapprochés en France, elle était avant tout une bonne amie. Il y a quelque chose entre nous que je refuse d'abandonner sous quelque prétexte que ce soit.

Je m'apprête à répondre honnêtement à Jace pour obtenir son avis lorsque Hayden s'approche de nous. Aussitôt, je me tends, de peur qu'il nous ait entendus.

— Est-ce que ça te dérange si je vous laisse ? Il est déjà tard et je préfère rejoindre Lexy…

Soulagé que ce ne soit que ça, je me lève pour prendre mon ami dans mes bras.

— Va rejoindre ta femme, on se verra demain.

— Nous aussi, on devrait y aller, déclare Jace. Je pense que Max a un coup de fil à passer.

Je lui jette un regard mauvais alors que Hayden tente de comprendre de quoi il parle. Parfois, je me demande pourquoi je lui raconte tout.

— Un coup de fil ? À cette heure-ci ?

— Laisse, tu sais que Jace n'a jamais tenu l'alcool, lancé-je, ce qui amuse beaucoup mes trois amis.

105

Je n'ai de toute façon aucune intention d'appeler Mia. Elle a été suffisamment claire sur son programme de la soirée. Jace et Stiles prennent la direction de l'ascenseur une fois leurs affaires regroupées, et je les laisse partir après un dernier signe de la main. Seul Hayden reste à mes côtés, et je ne peux pas empêcher mon corps de se raidir.

— Tu ne voulais pas rentrer ? demandé-je, la gorge nouée.

— Pas encore. Je voulais qu'on discute.

Presque immédiatement, l'image de Mia me vient en tête. Mais ce n'est pas possible, si Hayden me pensait avec sa sœur, il me l'aurait déjà dit. Et son air inquiet me le confirme.

— Est-ce que j'ai fait quelque chose ? demande-t-il.
— Quoi ?

Je le dévisage, perplexe.

— Est-ce que j'ai fait quelque chose qui t'a déplu ? Tu es distant depuis ton retour, tu ne parles pas et j'ai l'impression que tu m'évites.

Hayden détourne les yeux, fixant la vue panoramique de l'appartement alors que je suis bien trop surpris pour détourner les yeux de sa personne. Je ne m'étais même pas rendu compte de ça. Pourtant, en y réfléchissant, je réalise qu'il a raison. Je lui ai à peine parlé ce soir, lors de la soirée chez ses parents, nous n'avons fait que discuter de Mia, et nous n'avons pas pris le temps de nous voir en dehors du travail comme nous le faisions avant. Ce n'est pas intentionnel, et je veux qu'il le sache. Mes états d'âme ne doivent pas gâcher notre amitié.

— Tu n'as rien fait, Hayd. Je suis juste un peu distrait ces derniers temps...

... par ta petite sœur.

— Tu as un nouveau plan cul ?

J'écarquille les yeux. Je crois que je n'ai pas eu de plan cul depuis que j'ai quitté les États-Unis. Depuis Mia, en réalité. Je trouvais mon compte dans notre relation, et, même si je me sens frustré aujourd'hui, je ne suis pas d'humeur à avoir un coup seulement de temps à autre, alors que ma situation est si complexe avec celle qui m'intéresse vraiment. Mais le plus surprenant là-dedans, c'est que Hayden n'est pas du genre à parler de ça.

— Pourquoi tu penses ça ?

Hayden s'assied sur mon canapé, visiblement bien moins pressé de rentrer. *Eh merde.*

— Je ne sais pas. Tu tires la gueule, mais pas comme quand tu te prends la tête sur un dossier. On dirait plutôt que tu te prends la tête pour une relation.

— Un plan cul n'est pas justement pensé pour ne pas se prendre la tête ? rétorqué-je, moqueur.

Mon meilleur ami part dans un grand éclat de rire. Je serais presque ravi de retrouver notre complicité si je n'avais pas à lui cacher ce que je ressens pour sa sœur.

— C'est quand tu t'attaches à ton plan cul que ça devient compliqué.

Je secoue la tête pour le contredire. Mia n'a jamais été un plan cul, parce que nous faisions des choses ensemble. Je considère qu'elle est bien au-dessus de ça.

— Ça n'a vraiment rien à voir avec un plan cul, lancé-je. Je crois que je suis arrivé au stade où j'aimerais une vraie relation. Quelque chose de durable, tu vois ce que je veux dire ?

— Waouh… Je… Depuis quand t'as eu cette révélation ? bégaie Hayden.

Je ne peux pas m'empêcher de sourire. Hayd a toujours été mon opposé. Il ne voulait pas avoir de relations tant qu'il n'avait pas trouvé la personne avec qui il se sentait bien. Ça lui allait mieux comme ça. Il m'a vu faire tout l'inverse, profiter à fond de mes années de fac, tenter toutes les expériences possibles et ne jamais vouloir me poser. Je peux comprendre sa surprise.

— Je crois que ça m'est venu la première fois que je me suis rendu compte que je pouvais avoir des sentiments forts pour quelqu'un, avant de quitter la France, avoué-je.

En vérité, cela correspond au moment où Mia a mis fin à notre situation. C'est là que j'ai réalisé que la perdre me ferait trop de mal. Hayden m'observe, visiblement perdu, et je n'ose plus parler.

— Tu avais quelqu'un en France ? Pourquoi ne pas m'en avoir parlé ? C'est terminé ? Bon sang, moi qui devenais parano en pensant que tu voulais te faire ma sœur…, souffle-t-il en grimaçant.

Je blêmis, mais Hayden est trop occupé à fixer le sol pour se rendre compte de quoi que ce soit. Il vise juste dans chacune de ses questions, sans savoir qu'il s'agit bien de la personne à laquelle il pensait. J'ignore totalement comment me sortir de là, *sortir de là indemne*.

— Max ? dit Hayden.

Je papillonne doucement des yeux, parti ailleurs.

— Oui, pardon. Oui, j'avais quelqu'un en France, mais on voulait rester discrets, et ça s'est terminé peu de temps avant que je décide de rentrer.

— C'est pour ça que tu as voulu revenir ici ?

Je hausse les épaules, je ne veux pas lui mentir plus que je ne le fais déjà.

— Ça fait du bien d'être chez soi, parfois.

— Tu seras toujours chez toi ici. Peu importe ce qui arrive.

Hayden place sa main sur mon épaule, un sourire amical aux lèvres. Mes poumons sont atrocement noués quand je tente de lui sourire en retour. C'est ce qu'il pense parce qu'il ignore la vérité… Mais tout le monde sait qu'on ne trahit pas son meilleur ami en se faisant sa petite sœur, au risque de tout détruire. *Et ce n'est qu'une question de temps pour que ça explose.*

Chapitre 12

Max

Mia m'évite, ces derniers jours, pour une raison qui m'échappe. Je me suis fait une raison, nous avons beau nous attirer comme des aimants, je crois qu'elle n'est pas prête à avoir plus. Alors j'ai décidé de me concentrer sur mon travail, au moins le temps de ne plus ressentir ce tiraillement dans la poitrine.

Je donne quelques coups à la porte avant de pénétrer dans le bureau de mon meilleur ami et je l'interroge, les yeux rivés sur l'écran de ma tablette.

— Est-ce que tu as pu me fournir les documents dont j'ai besoin par mail ?

Je relève la tête vers Hayden, et celui-ci fait de même, surpris de ma présence.

— Merde. J'ai complètement oublié. Je vais le faire de suite.

Il allume son imprimante alors que je lui ai demandé de me les transférer. Je m'approche alors de lui, les sourcils froncés. Quelque chose ne va pas. Hayden est la personne la plus organisée que je connaisse, il connaît tous ses dossiers sur le bout des doigts, lit toujours ses mails en temps et en heure... Non, il y a forcément un truc qui cloche.

— Hayden.

Mon meilleur ami s'immobilise et m'interroge du regard.

— Qu'est-ce qui ne va pas ?

Il semble ailleurs. Et j'espère au plus profond de moi qu'il n'est pas dans cet état parce qu'il a découvert pour sa sœur et moi.

— Je… Les médecins nous ont annoncé que Lexy avait des risques d'accoucher prématurément. Je n'arrête pas d'y penser, et j'ai peur qu'elle m'appelle pour me dire que le travail a commencé…

J'aurais finalement préféré qu'il sache pour Mia et moi… Je m'approche de lui avant de poser une main sur son épaule. Je ne sais pas ce qu'il peut éprouver, mais je peux au moins compatir. Cependant, il est clair que sa place n'est pas ici.

— Tu devrais rentrer chez toi.

— J'ai encore pas mal de choses à faire, dit-il en soupirant.

— Oui, comme soutenir Lexy. Alors rentre, je m'occupe de prévenir Mia et de gérer tes dossiers urgents. Je peux bien me débrouiller, on fonctionnait comme ça à l'époque.

Il ne faut pas oublier que, lorsqu'il a repris l'entreprise, c'était lui et moi. On travaillait toujours en binôme, alors en souvenir de ce temps je peux bien l'aider un peu. Hayden hésite un instant avant de se lever.

— OK. J'y vais.

— Et tiens-moi au courant.

Il hoche la tête, l'air fatigué, puis je sors à mon tour du bureau après avoir coupé sa session pour rejoindre Mia à contrecœur. Je ne lui ai pas parlé depuis la soirée chez moi… Et ce n'est pas seulement parce qu'elle m'évite, j'ai besoin de me protéger un peu. Pourtant, je dois me rendre à l'évidence, je ne peux pas travailler uniquement de mon côté, nous devons apprendre à gérer ça. J'entre dans le bureau en traînant des pieds, le visage fermé, et ma boss m'accueille d'un air étrange. Je n'arrive même pas à savoir si elle est satisfaite de me voir.

— Max ? Je peux t'aider ?

Je m'approche en hochant la tête.

— Hayden est rentré auprès de Lexy.

— Pas de souci, murmure-t-elle.

Je fronce les sourcils. Normalement, Mia devrait s'inquiéter... Mais là elle semble ailleurs. Le décolleté de sa robe fourreau laisse apercevoir son body rouge, et je dépose ma tablette en soupirant avant de m'approcher d'elle.

— Qu'est-ce que tu fais ? demande-t-elle, la gorge nouée.

Je ne lui réponds pas. Lorsque j'arrive de son côté du bureau, Mia a tourné sa chaise vers moi. J'approche une main de son décolleté et je fais délicatement glisser la dentelle sous le tissu, sans pouvoir m'empêcher de constater qu'un frisson parcourt sa peau.

— Hayden et Lexy ont vu le médecin pour le bébé, déclaré-je en m'appuyant sur le rebord du bureau. Elle n'ira peut-être pas au terme, ils ont peur d'un accouchement prématuré. C'est pour ça que j'ai dit à Hayd de rentrer. Il te donnera sûrement des nouvelles dans la soirée.

Mia hoche la tête tout en se penchant en arrière dans son fauteuil, une main devant la bouche. Elle reste étrangement silencieuse, les joues un peu rougies depuis que je me suis approché, et je sens bien que quelque chose la taraude. Surtout lorsqu'elle me regarde ainsi.

— Il y a un problème ? demandé-je.

Elle se redresse d'un coup, comme si je venais de la tirer d'un rêve.

— Non. Non, bien sûr que non. Il y a autre chose ? répond-elle d'une voix trop hésitante qui ne lui ressemble pas.

— Oui, le lieu pour la soirée de lancement a été réservé, il faut juste que je m'occupe des détails administratifs à la place de Hayd. Ensuite, l'équipe de communication gérera le reste.

— Parfait, merci.

Je hoche la tête avant de me détacher du meuble, prêt à partir. Je ne dois pas rester plus, au risque d'avoir envie de comprendre ce qui ne va pas ou, pire, de m'approcher un peu trop. Si Mia veut quelque chose, il faut qu'elle me le dise clairement. Plus question de tourner autour du pot.

— Max… Est-ce qu'on pourrait… discuter ?

J'hésite un instant à accepter, avant de secouer la tête. Pas pour le moment. Si j'accepte et qu'elle me dit encore une fois que rien n'est possible entre nous, cela va avoir une répercussion sur notre travail, et il n'en est pas question.

— Je n'ai pas le temps. Tu n'auras qu'à passer à l'appartement, si tu y tiens.

Je tourne les talons sans attendre, de peur de céder si elle tente de me retenir. J'ai beau avoir envie de plus avec Mia, je ne suis pas idiot. Si je lui cours trop après, elle n'aura jamais de déclic pour savoir ce qu'elle veut vraiment… Alors je vais provoquer ce déclic, en espérant que celui-ci ne tarde pas trop.

Chapitre 13

Mia

J'inspire profondément. Je ne dois pas hésiter. Après tout, qu'est-ce qu'il y a de stressant dans ma situation ? Je suis dans le hall de l'immeuble de l'homme que j'ai épousé par accident à Vegas, avec qui j'ai eu une relation sentimentale par le passé, et qui me donne chaud chaque fois qu'il s'approche un peu trop. *Qu'est-ce qui pourrait être pire ?*

Mon cœur bat vite. Je crois que c'est l'une des rares fois de ma vie où j'ai peur. Peur d'être rejetée, de le perdre. Je m'apprête à monter dans l'ascenseur lorsque mon téléphone sonne. J'y vois l'occasion de retarder encore un peu la confrontation. Je cours dans le sens inverse comme si Max pouvait m'entendre, et je décroche sans même regarder qui m'appelle.

— Allô ? dis-je, le souffle court.
— Mia ? Où es-tu ? Je te dérange ?

Je ferme les yeux en reconnaissant la voix de mon frère. Il n'aimerait pas savoir où je me trouve... Je n'ai jamais compris son problème avec le fait de me voir sortir avec Max.

— Je bosse. Je ne vais pas tarder à rentrer chez moi.
— À 1 heure du matin ? Faut lever le pied, Mia...

Je lorgne l'horloge du hall en grimaçant. Je n'avais même pas fait attention à l'heure tardive, j'espère seulement que Max ne dort pas. *Et surtout qu'il est seul.*

— Ne t'inquiète pas pour moi, tout va bien. Et toi ? Comment va Lexy ?

Je l'entends parler à sa femme à l'autre bout du fil. J'en profite pour me poser sur l'un des canapés de l'entrée du bâtiment.

— Écoute, on refait une échographie dans deux jours, on croise les doigts pour que tout aille bien. Elle est très angoissée, donc j'essaie de rester calme pour nous deux...

— Je suis certaine que tout ira bien, déclaré-je avec conviction. Prématuré ou non, ce bébé aura la force réunie de ses deux parents, ça ne peut qu'aller.

Un rire échappe à mon frère, et je souris contre mon portable. Je préfère voir le positif.

— T'as raison. De toute façon, s'il arrive quoi que ce soit, je t'appelle.

— Je garde mon téléphone sur vibreur pour ne pas te rater.

— Bon, je vais te laisser, il est tard. Tâche d'aller dormir aussi...

— Dès que je le peux.

Je fixe les portes de l'ascenseur, parfaitement consciente que je ne vais pas rejoindre Morphée avant longtemps. J'ai une longue discussion qui m'attend avant. Lorsque Hayden raccroche, je me lève, plus déterminée qu'à mon arrivée. Il faut que j'arrête de retarder l'inévitable. Si je veux quelque chose, je dois me donner les moyens de l'obtenir. On m'a élevée comme ça. Je sais ce que je veux au fond de moi, tout ce qui me retient, c'est ma peur de ce qui pourrait arriver par la suite. Ma part raisonnable me souffle de me protéger... Mais mon organe vital est serré de voir Max s'éloigner. Je crois que le perdre sans avoir essayé serait pire que d'avoir le cœur brisé. Alors, aujourd'hui, ce que je veux vraiment, c'est Max. Je ne sais pas du tout comment gérer cette info, mais nous avons le temps d'en parler.

La montée jusqu'au penthouse est rapide et j'ai l'impression de ne plus savoir respirer dans ma robe fourreau. Je tape le code qui ouvre la suite et entre en silence. Le séjour est plongé dans le noir, simplement éclairé par les lumières de New York à travers la baie vitrée. Je m'approche à pas de loup, de peur de trouver Max déjà endormi.

Aucune trace de lui ici, alors je m'approche de chaque porte sans savoir dans quelle chambre il a décidé de s'installer. Lorsque j'aperçois un peu de lumière dans une embrasure, je m'aventure dans une pièce sur la droite en souriant face au spectacle qui se dévoile devant moi. Max est allongé sur son lit, torse nu, ses lunettes rondes posées sur son nez. Il joue avec sa Nintendo Switch, l'air concentré, exactement comme lorsque nous étions en France.

— Mario Kart ? demandé-je en m'adossant au chambranle de la porte.

Il sursaute avant de lever les yeux, bien trop surpris de me trouver là.

— Mario Odyssey. Je ne t'attendais plus.

Je soupire avant de m'approcher de lui, les bras croisés contre ma poitrine.

— Je pourrais mentir et dire que j'ai eu beaucoup de travail, mais j'ai travaillé jusque-là uniquement pour retarder le moment.

— Si tu ne voulais pas venir…

— Si je suis là, c'est que je le veux. J'étais juste un peu stressée.

Max met en veille sa console, nous plongeant quelques secondes dans le noir, avant d'allumer sa lampe de chevet. Il se lève et vient tout près de moi. J'inspire profondément et je sens déjà mon corps réagir à sa proximité.

— Fais comme chez toi le temps que j'enfile un T-Shirt, déclare-t-il d'une voix rauque.

Je hoche la tête, la gorge nouée. Je sens la chaleur qui émane de son torse. J'observe une seconde ses lèvres charnues, que j'embrassais sans la moindre hésitation à une époque. Ce soir, je dois résister. Je tourne les talons pour rejoindre la pièce à vivre, mais avant que j'aie pu faire quoi que ce soit mon regard se pose sur un petit coffret que je connais par cœur, parce que je l'ai offert à Max quand nous étions en France. Il vient de Nice. C'est une boîte à souvenirs… Je ne pensais pas qu'il la garderait.

Je m'approche de l'objet avec curiosité, et lorsque je l'ouvre je fronce les sourcils face à ce qui se trouve à l'intérieur. Je prends son alliance entre mes doigts avant de la glisser à mon pouce, puis j'attrape les photos rangées dans la boîte. Le cliché de notre union – dont je ne me souviens pas – est placé sur le dessus, et des dizaines de polaroid, en dessous.

Ces images-là, je m'en souviens. Sur l'une, Max dort profondément et je grimace à côté, sur une autre, nous sommes face à la tour Eiffel, à Paris… Je lui laissais ces petites photos chaque fois que je partais. Je n'ai jamais pensé qu'il les garderait après notre rupture.

— Un de mes meilleurs souvenirs en France, déclare-t-il dans mon dos.

Je me retourne pour le trouver tout proche de moi. Je tente d'ignorer les battements de mon cœur.

— Et si Hayden tombait dessus ?

Max me prend délicatement la boîte des mains avant de récupérer son alliance, l'air sérieux. Il frôle mon pouce, et je suis certaine qu'il me sent frissonner.

— De vous deux, il n'y a que toi qui t'amuses à fouiller, Mia.

Je me mords la lèvre.

— Tu as des nouvelles du divorce ?

Je ne sais même pas pourquoi je pose la question. S'il en avait, il me l'aurait dit… mais j'ai paniqué. Max se ferme immédiatement et recule, l'air blasé par ma question.

— C'est de ça que tu es venue parler ?

Je secoue doucement la tête.

— Pas du tout, mais il faut bien qu'on aborde le sujet…

— J'appellerai mes avocats demain. Je te tiendrai au courant.

Il s'éloigne sur ces mots et sort une bouteille de pastis de son frigo pour se servir un verre avant de m'en proposer un, le visage toujours aussi fermé.

— Tu n'as pas plus soft ?

Il sort une bière et me la décapsule. Je souris en constatant que c'est celle que j'aimais boire lorsque nous étions ensemble. Il y a des choses qui ne s'oublient pas.

— Pourquoi tu es là, Mia ?

Je relève doucement la tête vers lui avant de boire une longue gorgée.

— Pour m'excuser, déjà.

J'ai toujours été fière, alors demander pardon lorsque j'ai merdé n'est pas simple pour moi. Et cela semble avoir capté l'attention de Max.

— De quoi t'excuses-tu ?

Je déglutis.

— D'avoir soufflé le chaud et le froid. Je ne pensais pas avoir autant de mal à rester près de toi…

Il s'approche, prouvant mes propos concernant notre attraction, et je ne le repousse pas lorsqu'il se retrouve à quelques centimètres de mon visage.

— Excuses acceptées. Quoi d'autre ?

Je lève le menton pour l'observer droit dans les yeux, prenant mon courage à deux mains. Je ne veux plus devoir le fuir, passer à côté de ce que je désire.

— J'en ai marre de devoir résister.

— Tu es la seule à te mettre des barrières, *Miamor*.

Je recule jusqu'à me retrouver prisonnière entre l'îlot central et le corps de Max, le souffle court. Ce surnom m'a toujours grisée.

— Je sais. Et j'ai envie de les faire tomber.

Je pose une main sur son torse ferme.

— Pour combien de temps ? demande-t-il. Une nuit ? Une semaine ?

Il est méfiant, je le comprends. J'inspire profondément, prête à prendre la décision qui s'impose.

— Autant de temps que ça durera. Je veux qu'on reprenne comme avant.

Max appuie son bassin contre le mien, et je tente de garder les idées claires malgré son érection entre nous.

— Comme avant ? Juste du sexe ?

Sa main remonte le long de ma cuisse jusqu'à venir empoigner ma hanche.

— Tu sais très bien qu'il y avait plus que ça avant. Ça n'a jamais été que du sexe, rétorqué-je, haletante.

— Je voulais juste te l'entendre dire.

Sur ces mots, il écrase sa bouche contre la mienne et je n'attends pas pour enrouler mes bras autour de son cou. Son goût m'avait manqué. Sa langue vient caresser la mienne et me promet que ce qui va arriver sera divin. Max me presse un peu plus contre lui et un brasier se déclenche entre mes jambes. Je ne contrôle pas mes hanches, qui se précipitent vers les siennes.

— Si on fait ça, Mia, je ne veux plus de retour en arrière, susurre-t-il en prenant ma lèvre inférieure entre ses dents.

Je souffle un « oui » à peine audible, bien consciente qu'il est tout ce dont j'ai besoin à cet instant, et la bouche gourmande de Max parcourt la peau de mon cou. Mon épiderme est sensible à son toucher, et un millier de frissons viennent se loger entre mes jambes. Il empoigne mes cuisses, sous les tissus de ma robe. La rugosité de sa peau contraste avec la douceur de la mienne. Je passe une main dans ses boucles brunes comme j'aime le faire et tire dessus, recevant un grognement de sa part en réponse. J'aime entendre ce son, voir le plaisir que je lui donne, ça ne fait que décupler le mien. Max passe une main dans mon dos pour baisser la fermeture Éclair de ma robe en sentant mon impatience.

Je descends de l'îlot central pour retirer le tissu qui m'entrave, et Max recule de quelques pas pour observer mon body.

— Putain. Tu n'as aucune idée de l'effet que tu me procures.

Je me mords la lèvre, au contraire bien consciente de son désir puisque j'ai l'impression de ne plus tenir sur mes jambes. Je romps la distance entre nous, et Max me fait reculer jusqu'à la baie vitrée pour m'y plaquer. Je hoquette de surprise en sentant la fraîcheur du verre. Max sourit contre mes lèvres alors qu'il fait glisser les bretelles de mon body sur mes épaules.

— Tu sais à quoi j'ai pensé en voyant cette fenêtre ?

Je secoue la tête, bien incapable de parler lorsque Max fait tomber mon vêtement en dentelle sur mes escarpins, et vient frôler mon intimité de ses doigts.

— Je me suis dit que j'adorerais te faire l'amour face à la vue.

— Alors qu'est-ce que tu attends ? dis-je, à bout de souffle.

Je lève une jambe contre sa hanche pour lui faciliter l'accès et amplifier mon plaisir. Je suis certaine que Max le comprend. Je meurs d'envie de plus, et mon corps l'exprime à sa façon. Ses doigts se glissent entre mes lèvres intimes puis passent sur mon clitoris, et je me contracte face aux sensations qu'il me procure. Je ne peux m'empêcher de gémir. Mon bassin part à la rencontre de sa main sans que je ne puisse rien y faire. La sensation de ses doigts à l'entrée de mon intimité est trop forte pour que je contrôle mes mouvements. La chaleur monte en moi jusqu'à troubler ma vision, je ne suis plus que sensation. Je suis à deux doigts de jouir, mes hanches augmentent la vitesse, en recherche de friction : je veux atteindre l'orgasme, sa bouche sur le lobe de mon oreille me rend folle.

— Tu es encore trop habillé, murmuré-je en commençant à lui retirer son haut.

Je le sens sourire contre moi. Après l'avoir débarrassé de ce tissu, je baisse son bas de jogging pour libérer son érection, que j'empoigne. Je commence un mouvement de va-et-vient avant de l'approcher de mon intimité.

— Est-ce que tu me fais confiance, Mia ?

Je hoche la tête, sans la moindre hésitation, et Max glisse le long de ma fente sans pour autant me pénétrer. Je me tends à chaque friction sur mon clitoris.

— Max… Si tu continues comme ça, je crois que ça ne sera bientôt plus supportable.

Sa main remonte jusqu'à ma nuque et il s'écarte un instant pour m'observer. Son regard est étrangement sombre, et mon souffle se coupe ; je ne sais pas quoi dire. Mes jambes flageolent et mon cœur s'emballe, encore plus lorsqu'il m'embrasse. Avant que j'aie pu faire le moindre mouvement, Max me retourne d'un geste, et je crie en me retrouvant les seins plaqués contre cette baie vitrée, le regard rivé sur New York et la bouche de Max tout près de mon oreille.

— Profite de la vue, *Miamor*. Elle sera encore meilleure lorsque je serai en toi.

Je lâche un gémissement lorsque je sens son sexe humide se rapprocher de mon intimité. Je bascule la tête en arrière, le corps complètement à sa merci, juste avant qu'il ne me fasse ployer de façon à me pénétrer après avoir déroulé un préservatif sur son pénis. La vitre est froide contre ma peau, contrastant avec nos corps brûlants. Ses lèvres parcourent ma mâchoire à mesure qu'il entre en moi, et, lorsqu'il commence un long mouvement de va-et-vient, je tourne la tête pour l'embrasser. Sa verge s'enfonce profondément en moi alors que je glisse ma propre main entre mes cuisses pour stimuler mon clitoris. Je perds toute notion d'équilibre. Max passe un bras sur mon ventre pour me retenir alors que je place mes mains devant moi, le souffle court.

— Je ne vais jamais tenir…

Max dépose les lèvres sur mon omoplate, et lorsque l'une de ses mains remonte sur mon ventre, puis ma poitrine pour pincer l'un de mes tétons, je me contracte, rendant plus profondes les sensations de ses va-et-vient.

— J'espère bien que tu vas lâcher prise, parce que ce n'est que le début, dit Max contre ma peau.

Il me pénètre jusqu'à atteindre mon point G, et je plaque ma main contre ma bouche pour étouffer un cri d'extase alors que Max jouit également. Haletante, je me retourne pour observer son visage et manque de trébucher. Max me retient de justesse, avec un air aussi béat que moi.

Je crois qu'après ça je ne pourrai plus résister à ce qu'il y a entre nous.

Chapitre 14

Max

Je m'étire de tout mon long, bien trop satisfait du rêve qui a accompagné ma nuit. Mia venait jusqu'à moi et m'avouait ses sentiments. Mieux, elle me laissait l'embrasser, la toucher, la déshabiller et lui faire l'amour comme j'en rêve depuis des mois. J'ai eu l'impression de me retrouver en France, du temps où Mia ne réfléchissait à rien d'autre que nous deux. Ça me paraissait simple et, bon sang, tellement agréable…

Je m'étire de tout mon long, le corps engourdi, lorsque mon bras rencontre un obstacle dans le lit. J'ouvre brusquement les yeux pour fixer le plafond et me relève en vitesse lorsque je comprends qu'il s'agit d'une femme. Lorsque j'aperçois le corps de Mia, j'écarquille les yeux.

Bordel. C'était vrai.

— Recouche-toi, il est trop tôt, grommelle-t-elle sans remuer.

Elle semble… détendue. Comme si tout ceci était parfaitement normal. Je me pince le bras pour vérifier que la scène est bien réelle. Je me tourne ensuite vers mon téléphone pour découvrir qu'il est déjà 7 heures passées, et je me passe une main sur le visage. *Fait chier.*

— Mia, on est en retard.

Elle grogne quelque chose en se tournant dans mon lit, l'air peu motivé.

— La patronne te dit que c'est OK. Je n'ai pas assez dormi.

Rien d'étonnant, vu les images qui me reviennent en tête. Je ne suis même pas sûr d'avoir dormi plus de deux heures. Est-ce que je compte m'en plaindre ? Pas le moins du monde. Mais je dois admettre que son attitude me laisse perplexe. Je la fixe sans savoir comment réagir. D'autant plus que je suis nu… Mais il n'y a pas une partie de mon corps que Mia n'a pas vue.

— Pourquoi tu me fixes, Max ? demande-t-elle, toujours allongée sur le ventre.

J'attrape un boxer, que j'enfile avant de lorgner son corps. Le drap remonte jusqu'à la chute de ses reins, et je peine à détourner les yeux de sa peau bronzée. J'ai du mal à réaliser que Mia veut recommencer ce que nous partagions il y a quelques mois encore.

— Je me suis réveillé en pensant que j'avais rêvé. Je crois qu'il me faut un temps d'adaptation.

— Parce que t'as l'habitude de rêver de moi ?

Je ricane en grimpant sur le matelas, et Mia se retourne en couvrant sa poitrine, comme si je n'avais pas posé mes lèvres dessus un peu plus tôt.

— Je ne t'ai jamais caché que je te voulais, rétorqué-je.

— Mais tu n'as jamais avoué que tu rêvais de moi.

— Je crois que cette nuit a dépassé mes songes les plus fous, susurré-je.

Elle me sourit, amusée mais toujours aussi peu déterminée à bouger. Je lui lance l'un de mes T-shirts, qu'elle attrape sans grande conviction, et j'attends patiemment de la voir s'activer.

— Qu'est-ce que je dois faire de ça ?

— Tu peux t'habiller avec. Bien que j'aime la vision de ton corps nu, il n'y a plus que quarante-huit heures avant la soirée organisée à l'occasion de notre nouveau projet. Et je ne suis pas sûr que l'association apprécie qu'on ait du retard. Donc on va se comporter en adultes, faire un crochet par chez toi pour que tu te changes, puis aller travailler.

Même si je rêve de rester au lit avec elle, je sais aussi à quel point tout ceci est important à ses yeux. La société vise à investir dans des projets humanitaires associatifs, et Mia est le visage de cette entreprise. Sa présence est essentielle pour nous représenter auprès de tous nos investisseurs.

— Depuis quand est-ce que tu tiens tant à agir en adulte ?

Je lui souris avant de tourner les talons pour rejoindre la cuisine et me faire couler un café. Si je continue à la dévorer des yeux, je vais avoir envie de retourner au lit avec elle, et ce serait contre-productif. Pourtant, lorsque Mia me rejoint, couverte de mon haut, ce n'est pas plus facile de résister à la tentation de la déshabiller à nouveau.

— Tu vas avoir le temps d'appeler tes avocats, avec tout ce qu'on a à faire ? demande-t-elle en ramassant ses vêtements éparpillés dans mon salon.

Sa question a le don de me ramener à la réalité. Je bois une gorgée de café en ignorant le sentiment de culpabilité qui me tord l'estomac lorsqu'elle aborde le sujet de notre divorce. Je tente de ne rien laisser paraître.

— Oui, je prendrai le temps.
— Génial. Et ce soir, tu fais quoi ?

Je pose ma tasse sur mon plan de travail avant de la dévisager ouvertement. Mia m'observe, les joues rouges.

— Quoi ?
— Crois-moi, je ne me plains pas. Mais qu'est-ce qui te prend ? On s'embrasse et bien plus encore à la soirée chez tes parents, puis tu me repousses en me disant que ce n'est pas possible et qu'on doit divorcer au plus vite pour mettre fin à tout ça, et maintenant tu passes la nuit chez moi et tu me proposes de sortir ce soir ? J'avoue avoir du mal à suivre.

Mia baisse les yeux avant de s'asseoir face à moi, l'air plus timide qu'elle ne l'est en réalité. Son cœur est un mystère pour moi. Mais je ne la laisserai pas se défiler, pas cette fois. J'ai besoin de savoir.

— Est-ce que tu te moques si je te dis que c'est mon frère qui m'a aidée à y voir plus clair ?

Je lâche un rire jaune à la mention de mon meilleur ami.

— Étant donné qu'il me tuerait pour ce que je fais depuis des années, je pense que j'ai de quoi me moquer.

Mia sourit, comme si ça avait quelque chose d'amusant alors que je sais que je ne pourrai jamais avoir ce que je désire réellement tant que Hayden ne l'acceptera pas. Je sais qu'il aime sa sœur plus que tout, mais il devrait aussi suffisamment me connaître pour savoir que je ne lui ferai jamais de mal.

— Eh bien, de manière détournée, il m'a fait prendre conscience de certaines choses. Je me mets des barrières pour me protéger, et je réalise que je me prive plus que je me protège. Je veux juste arrêter de passer à côté de ma vie.

Elle ne me dit pas tout, je le vois bien.

— De quoi tu te protèges ?

— On devrait y aller avant que trop de monde comprenne la raison de notre retard.

Elle détourne les yeux, soudainement pressée. Mia replace les barrières qu'elle a fait tomber cette nuit, et malgré tout je ne baisse pas les bras pour autant. Maintenant qu'elle semble prête à m'ouvrir à nouveau son lit, et peut-être même sa vie, il est hors de question que nous fassions machine arrière.

Je ne suis encore jamais venu chez Mia. Lorsqu'elle se rendait en France, nous allions chez moi, et, les rares fois où je suis rentré aux États-Unis, Hayden était trop présent pour que je puisse vraiment passer du temps avec sa sœur. C'est une totale découverte pour moi, et je dois avouer être curieux de découvrir son cocon. Elle a aménagé un loft tout en long, et je dois avouer que cela ressemble beaucoup à Mia, à la fois simple et sophistiqué. Une cuisine ouverte se trouve sur ma gauche, où trône un grand îlot central recouvert de dossiers. De l'autre côté, un salon aménagé. Je suis presque certain que Mia a dû y passer des heures à regarder ses séries quand elle en avait encore le temps. Elle progresse dans son loft et dépose ses clés dans un bol en céramique puis se dirige vers une salle de bains ouverte sur la chambre, via un simple rideau.

— Je prends une douche rapide et je m'habille. Fais comme chez toi, il y a de quoi manger dans le frigo et du café dans un placard.

Mia ferme le rideau derrière elle, et je m'installe sur l'une des chaises de bar de la cuisine en observant les dessins d'Avery accrochés sur le frigo. Mia a toujours aimé les enfants. Je me souviens que, à l'époque où on ne pouvait pas s'encadrer, elle passait beaucoup de temps à faire des baby-sittings par plaisir. Je crois qu'elle fera une maman en or plus tard, si tel est son désir. Enfin, encore faut-il qu'elle laisse les gens s'approcher de son cœur.

Je me mets à la recherche de café, et je souris en découvrant des Kinder Cards. Je parie qu'elle a acheté ça pour Avery. Cette gamine a clairement mis tout le monde à ses pieds, et ce sera certainement pareil avec son petit frère ou sa petite sœur à venir.

Une fois mon café prêt, je m'installe à son îlot central et j'observe tous les papiers étalés. Je fronce bien vite les sourcils en découvrant les comptes de l'entreprise, et je pose ma boisson chaude pour pouvoir me concentrer pleinement. Il y a des documents qui datent d'il y a plusieurs mois, d'autres plus récents… Et aucun n'est édité par Mia.

Quelques minutes plus tard, j'entends qu'elle lance dans mon dos :

— Quand je te disais de faire comme chez toi, je ne parlais pas de ça, me dit Mia en déposant un tube de fond de teint sur la table.

Je me tourne vers Mia, à présent parfaitement habillée et maquillée. Elle a troqué mon haut pour un chemisier blanc et un pantalon noir, et je tente de ne pas reluquer ses fesses parfaitement moulées.

— Pourquoi tu vérifies tout ça ? demandé-je en regroupant les papiers.

— Pour m'assurer qu'il n'y a aucune erreur.

Je soupire en secouant doucement la tête. Je commence à comprendre pourquoi Mia passe son temps à travailler. Si elle repasse sur chaque dossier, elle n'a pas fini.

— Tu dois faire confiance, Mia. Je sais que ce n'est pas facile de déléguer, mais c'est à ça que servent les collaborateurs. Tu vas t'épuiser à vérifier ce que fait tout le monde.

— Je sais. J'ai juste peur de merder, parce que leurs erreurs me retomberaient dessus. Je ne veux pas qu'on pense que je n'aurais pas dû récupérer la direction.

Elle soupire en déposant un pot de crème hydratante et du maquillage sur le plan de travail puis s'installe à mes côtés alors que je la dévisage. Il faudrait qu'elle commence à gagner en assurance.

— On apprend de ses erreurs, tant que tu les répares, tout ira pour le mieux. Tu es la seule à douter de toi.

— Peut-être bien…

Mia replace délicatement une mèche de cheveux derrière son oreille, l'air troublé. Je lorgne son tatouage parfaitement découvert. Je n'arrive pas à croire que mon nom est gravé sur sa peau, contre sa volonté… C'est sans doute ce que je regrette le plus pour elle. Mia remarque mon regard et soupire.

— Je ne sais même pas comment je vais me débarrasser de ça, dit-elle en recouvrant l'encre de crème.

J'attrape son poignet et je masse sa peau avant d'y appliquer le maquillage nécessaire pour le cacher. Je sens son regard peser sur moi.

— On va commencer par sortir ce soir, comme tu l'as proposé ; ensuite, on parlera de la réception de demain, puis on se chargera du divorce, et on avisera pour ton tatouage. Chaque chose en son temps.

Je plonge mon regard dans celui de Mia. Elle a peur, je le sens. Peur que Hayden découvre le pot aux roses et nous en veuille. Pourtant, un jour, il faudra bien qu'il sache quelle relation nous avons, et je ne lui laisserai pas d'autre choix que d'accepter l'évidence.

Chapitre 15

Max

Je n'ai pas eu une minute dans ma journée pour penser à Mia. Entre mes propres obligations et celles que j'ai récupérées de Hayden, je ne vois plus le bout de ma *to—do list*. Je pensais pouvoir bouger assez tôt du bureau pour passer voir si tout allait bien pour mon ami, puis sortir avec Mia, mais mes plans sont bien vite tombés à l'eau lorsque j'ai vu que le soleil était déjà en train de se coucher. J'aurais dû me douter que le retard accumulé ce matin devrait être rattrapé pendant la soirée. J'ai quand même réussi à avoir des nouvelles de Hayd dans la journée : tout va bien pour le moment. Je n'ai pas tardé à raccrocher, cela dit, car une part de moi se sent coupable de la nuit passée. Je ne comprends même pas pourquoi. Je veux Mia. Je suis sûr de mon choix. Mais Hayden m'a clairement fait comprendre que je ne devais pas m'approcher de sa sœur, ce que je n'ai pas du tout écouté. Je lui ai menti. Pire, j'ai épousé Mia sous l'effet de l'alcool avant de recoucher avec... Et, même si je ne regrette pas, je sais que la suite risque d'être mouvementée, que mon meilleur ami m'en voudra à mort. Peu importe que les choses se passent bien avec Mia.

Je retire mes lunettes avant de me passer une main sur le visage, exténué. Je sursaute en découvrant Mia à l'entrée de mon bureau, exactement comme cette nuit lorsqu'elle m'a rejoint.

— Je vais finir par croire que je t'obsède, à force de te trouver en train de me fixer, déclaré-je en éteignant mon ordinateur.

— Je surveille tous mes employés avec autant d'attention, rétorque-t-elle.

— Ah oui ?

Je me lève de mon siège pour m'approcher d'elle d'une démarche assurée, et Mia ne bouge pas d'un pouce lorsque j'arrive à son niveau. Ma main vient jouer avec les boutons de son chemisier. Elle me sourit avec insolence.

— Est-ce que tous tes employés sont si proches de toi ?

— Non, parce que ce n'est pas ce qu'il y a de plus professionnel, monsieur Koffman.

Je hausse un sourcil et hésite à lui répondre : « Ah oui, madame Koffman ? », mais je me retiens. Mia le prendrait mal, surtout alors qu'elle me réclame sans arrêt le divorce. *Et je n'ai toujours pas eu le courage d'appeler mes avocats.*

— Je n'ai jamais été très fan des règles, déclaré-je finalement. Je crois d'ailleurs savoir que toi non plus, vu le nombre d'établissements dont tu t'es fait virer quand tu étais plus jeune.

Mia lève les yeux au ciel sans pouvoir nier. On peut me trouver tous les défauts du monde : j'ai aimé faire la fête pendant mes études, j'ai profité de ce que la vie avait à m'offrir, mais je n'ai jamais autant enfreint les règles que Mia. Personne n'a un état d'esprit aussi contradictoire qu'elle, et je crois que c'est l'une des choses que j'aime le plus chez cette femme, parce qu'elle arrive toujours à me surprendre.

— Je me suis assagie avec le temps, réplique-t-elle. Alors, prêt à bouger ou tu comptes me déshabiller sur ton bureau ?

Je me retourne pour regarder le meuble en question, et l'image de Mia allongée sur celui-ci me paraît bien tentante... Mais trop risquée pour le moment. Ça ne doit pas remonter aux oreilles de Hayden. Or, certains de nos collègues encore présents au siège pourraient nous entendre. Alors je recule d'un pas en tentant de masquer l'effet qu'elle me fait, et je récupère portable et portefeuille.

— Je vais choisir de bouger, uniquement parce que j'ai prévu de te déshabiller plus tard.

— Qui te dit que je compte te laisser faire ?

Mia me sourit d'un air séducteur, car nous savons tous les deux comment la soirée va se terminer. Elle et moi, c'est inévitable. Ça l'a toujours été, et ça ne changera jamais.

— Qu'est-ce que tu as prévu pour ce soir ? demande Max.

— Quelque chose qui va te plaire et te rappeler des souvenirs.

— Est-ce qu'on a besoin de ma voiture ?

— Non, un chauffeur nous attend en bas, et il te ramènera demain matin.

— Donc tu as bien prévu de passer la nuit avec moi...

Mia me jette un regard noir en avouant à voix haute que je ne me suis pas trompé alors que je souris, bien trop fier d'avoir raison. Elle tourne ensuite les talons pour quitter les bureaux, et je la suis sans prendre la peine de mettre de la distance entre nous. Personne n'a besoin de savoir que nous allons partir ensemble, mais cela pourrait parfaitement être un dîner d'affaires. Qui pourrait se douter que je me tape la sœur de mon meilleur ami dans son dos ?

Une fois au rez-de-chaussée, Mia nous guide jusqu'à une voiture noire garée non loin de l'entrée, et elle s'y engouffre la première. Je regrette seulement que nous ne soyons pas seuls dans l'habitacle...

— Tu sais que j'aurais pu conduire ?

— Tu aurais su où nous allions, ça n'aurait pas été drôle.

Le chauffeur ne demande aucune indication, il prend simplement la route, et je jette un regard amusé à Mia. Elle ne dit rien, gardant un visage neutre pour ne pas me laisser deviner ce qu'elle me réserve, et j'aime l'idée qu'elle ait préparé quelque chose qui devrait me surprendre. Jusqu'ici, elle ne l'a jamais fait, parce que nous n'avons pas pu passer plus d'une semaine seuls. Et j'ai peur d'espérer quelque chose que je ne suis pas certain d'obtenir. Mais, lorsque le véhicule s'arrête, je dévisage la jeune femme, surpris par le lieu devant lequel nous nous trouvons. Je crois reconnaître le chemin du loft de Mia.

— Tu nous as vraiment fait prendre un chauffeur pour aller chez toi ? C'est ça, ta surprise ?

Elle lève les yeux au ciel.

— Tu me prends pour une idiote ? C'est dans l'immeuble voisin qu'on va.

Je plisse les yeux, de plus en plus perturbé par la situation. Je suis observateur. Pourtant, je ne vois absolument pas ce qui pourrait être digne d'intérêt dans l'immeuble à côté du sien, ce ne sont que des logements. Mia lâche un rire cristallin en voyant mon air curieux au moment où la voiture se gare.

— Ne tente pas de deviner, Max.
— Ce lieu est censé me rappeler des souvenirs ?
— Arrête de chercher et sois patient !
— Je l'ai déjà été pour toute une vie !

Ma remarque lui tire un nouveau rire puis, après un signe de tête à l'attention du chauffeur, Mia me guide jusqu'à un escalier de service. Il est clair que, si elle n'habitait pas ici, je ne me serais jamais aventuré par là…

— On va au troisième étage, c'est un loft comme le mien.

Je fronce les sourcils sans vraiment comprendre ce que nous allons faire dans un loft. Mia s'arrête devant une large porte en fer et y insère une clé, avant de me jeter un regard malicieux.

— J'ai loué le lieu pour la soirée. Ça devrait te plaire.
— Arrête de parler et ouvre cette porte, lancé-je, impatient.

Elle s'exécute en souriant, et, lorsque mes yeux s'habituent à toutes les lumières présentes dans la pièce qui se dévoile, un large sourire étire mes lèvres. Je comprends mieux, maintenant… Lorsque nous avons commencé à nous rapprocher en France, je lui avais proposé une soirée où nous pouvions faire tout ce qui lui plaisait pour tenter de la détendre… Et voir qu'elle s'en souvient me va droit au cœur.

— Une salle de jeux. Comment tu as trouvé ça ? demandé-je en m'avançant face aux arcades.

Je me souviens encore du moment où Mia avait insisté pour en trouver une en France. Ça n'avait pas été facile, ce n'est pas ce qu'il y a de plus répandu là-bas, et je me remémore les moments que nous y avons passés comme si c'était hier. Mia a tenté de gagner à des courses de voitures sans succès, a joué à Pac-Man ou encore sur des vieilles consoles qu'elle n'arrivait même pas à faire fonctionner.

— Je connais le proprio. J'avais tellement apprécié de jouer avec toi, en France, que j'avais envie de reproduire ça aujourd'hui…

— Y compris le moment où on a fini par se bécoter dans le Photomaton ?

Mia lève les yeux au ciel, mais je suis certain qu'elle se souvient de la première fois où elle m'a embrassé.

— Il n'y a pas de machine à photo ici. Que des jeux.

— Jeux auxquels je vais te battre à plate couture, déclaré-je.

— Tu veux parier ?

Mia s'avance vers la console *Sega Rally*[1], et je la suis en souriant largement. Elle aime jouer, mais n'est pas aussi compétitrice que moi. Et il ne me faudra pas plus de deux parties pour le lui prouver.

— Qu'est-ce que je gagne si je te bats ? demandé-je, un sourire en coin.

— Rien du tout, puisque ça n'arrivera pas.

---

1 *Sega Rally* est une série de jeux vidéo de course automobile.

Elle sort un jeton de sa poche pour le glisser dans la machine, et je ne peux retenir un rire en la voyant chercher comment lancer la partie. Je m'installe derrière l'un des deux volants pour l'y aider, et Mia râle en comprenant que cette plate-forme ne m'est pas inconnue, et qu'elle ne pourra assurément pas me battre.

— Ne fais pas le malin, je vais avoir la chance du débutant, affirme-t-elle.

— C'est beau d'y croire.

Mauvaise joueuse, Mia lance la course avant que je sois prêt et prend une petite avance, juste avant de foncer dans un des bords de la piste de course. Je la dépasse en moins de temps qu'il n'en faut pour le dire et je souris largement en passant la ligne d'arrivée de la première course.

Mia enchaîne les parties. Au moment où je la dépasse pour la dixième fois au moins, elle vient tourner mon volant pour me faire perdre la trajectoire et je lâche un juron.

— Putain, *Miamor* ! Tu triches !

— Je trouve le moyen de gagner, nuance !

Elle rit gaiement en remportant cette manche, et je ne dis rien, bien trop heureux de revoir la Mia insouciante que j'ai connue il y a des années. Je me moque de tout, actuellement ; la seule chose qui compte, c'est que je retrouve la femme pour laquelle j'ai voulu rentrer aux États-Unis. C'est tout ce que je désire.

Chapitre 16

Mia

Je descends du taxi, le cœur serré. Ma soirée, hier, a été remplie de rires et de baisers volés et, après avoir passé la nuit avec Max, il a fallu revenir à la réalité et terminer les derniers préparatifs pour la fête de ce soir. Je n'ai eu que peu de temps pour voir Max ou discuter avec mon frère et Lexy, alors j'ai décidé de faire un détour par chez eux pour m'assurer que tout le monde allait bien. J'angoisse tellement à l'idée de débarquer et de constater que ma belle-sœur est partie à l'hôpital.

— Il y a quelqu'un ? demandé-je en passant la porte.
— Dans le salon !

Je prends la direction de celui-ci et je souris en découvrant Lexy allongée sur le canapé d'angle, une tonne de coussins sous le dos. Je crois ne l'avoir jamais vue se reposer depuis que je la connais, elle a toujours quelque chose à faire.

— Tu as enfin compris comment on se repose ?
— Je n'ai pas trop le choix, j'aimerais éviter de provoquer mon accouchement et que ton frère me tue car je n'ai pas écouté les instructions. Il est parti nous chercher un burger avec Avery avant de filer à votre soirée.

Je souris en m'installant près d'elle. Je ne suis pas très étonnée, Hayden suit très certainement à la lettre les instructions de la sage-femme, et je le comprends.

Ce qui me surprend un peu plus, c'est que Lexy accepte sans broncher.

— Depuis quand tu écoutes mon frère ? demandé-je, moqueuse.

Lexy rit de bon cœur en passant une main sur son ventre bien arrondi. J'ai l'impression qu'il va finir par exploser.

— On est un peu à cran, avec l'arrivée du bébé... J'avoue que j'ai hâte d'accoucher.

— Je veux bien te croire, réponds-je, la gorge nouée.

Lexy prend ma main dans la sienne, consciente que, même si je me réjouis de sa situation, elle n'en est pas moins douloureuse pour moi. Je ne connaîtrai jamais cela, le stress de la naissance à venir... Mais j'imagine facilement à quel point ça doit être un mélange d'excitation et d'angoisse pour eux.

— Alors, pourquoi est-ce que tu t'es faite si belle ? Pour la soirée de l'entreprise, ou pour un certain collègue ?

Je souris en contemplant le tissu noir de ma tenue. Je me suis changée avant de venir, et je dois avouer que je suis assez fière du résultat. Ma robe à manches longues est moulante et mon tatouage est bien camouflé. Le décolleté plongeant est la seule touche un peu extravagante que je m'accorde. J'ai voulu faire un effort pour paraître... femme. Ça m'aide à me sentir confiante, à présent que je gère tout ça seule. Je me souviens parfaitement des premières soirées que j'ai organisées au travail, avec Lexy pour la plupart. Ça me paraît si loin.

— Je me suis faite belle pour moi, pour me sentir plus confiante dans mon rôle. J'aimerais te dire que c'est pour Max, mais mon frère a prévu de passer la soirée avec nous, alors...

— ... impossible pour vous d'être ensemble. Sinon, Hayden comprendra ce qui se passe.

J'acquiesce, frustrée par la situation. La soirée de la veille était incroyable. J'ai enfin eu l'impression d'une vraie coupure entre ma vie professionnelle et ma vie personnelle, j'en avais besoin. C'est drôle, car j'avais oublié pourquoi j'étais si proche de Max, pourquoi j'avais craqué pour lui en France... Maintenant, je sais. Il fait ressortir le meilleur de moi, et j'aime sa capacité à toujours voir les choses du bon côté. Je regrette simplement de ne pas pouvoir partager cette bonne humeur ce soir.

— Je ne comprends même pas le problème de Hayden, avoué-je. Je sais, on ne touche pas à la sœur de son meilleur ami... Mais justement, si c'est son meilleur ami, c'est qu'il l'estime. Pourquoi ne serait-il pas ravi pour nous ?

— Parce qu'il t'aime, Mia. Il a peur que tu sois malheureuse, et il pense que, vu de la non-capacité de Max à se poser, il ne tiendra pas plus de quelques mois avec la même personne. Il ne peut pas savoir que ça dure depuis des années entre vous.

Je fixe le mur, ne sachant quoi répondre. En effet, il n'a aucune idée du fait que Max et moi nous côtoyons depuis longtemps dans son dos... Et je ne sais pas non plus si Max est vraiment capable de se poser, s'il ne va pas finir par se lasser. Mais, si je ne lui donne pas sa chance, je ne le saurai jamais. Et Hayden a raison, je ne veux pas passer à côté de ma vie, alors je ne l'autoriserais pas à tout gâcher. Je suis la seule à décider de ce que je veux et à prendre des risques, Hayden ne peut pas me l'interdire, je ne le laisserais pas faire.

— De toute façon, il le saura bien un jour. Ça me semble difficile à cacher, dis-je en passant un doigt sur mon tatouage camouflé.

— Toujours pas de nouvelles du divorce ?

Je secoue doucement la tête.

— Non, Max doit les rappeler, mais il n'a pas eu le temps hier.

— Ça irait peut-être plus vite si tu le faisais toi-même...

Je baisse la tête sans rien dire, parce que Lexy a raison.

Alors pourquoi je ne le fais pas ?

— ... sauf si tu ne veux pas que ça aille plus vite, ajoute-t-elle.

— Je ne vois pas pourquoi je ne voudrais pas, réponds-je bien trop vite.

— Peut-être parce que si vous divorcez ça veut dire que ce sera terminé entre vous ?

Je me mords la lèvre et mon cœur s'accélère face à la véracité de ses mots. Je n'ai pas voulu y penser avant, mais une part de moi craint ce divorce. Bien sûr, c'est toujours ce que je veux, mais les choses ont évolué. J'ai peur que, lorsqu'on aura obtenu ces papiers, Max lâche l'affaire. Après tout, il aura déjà obtenu tout ce qu'il voulait, il aura réussi à me récupérer. Alors peut-être qu'il tournera simplement la page... Mais rester liés de cette façon n'est pas une solution, je ne dois pas l'oublier.

— Il faut qu'on divorce. Si je dois me marier un jour, ce sera parce que je le veux, et pas parce que j'ai trouvé ça amusant en étant bourrée. Je dois juste trouver le courage de m'atteler à la tâche.

— Mais tu comptes dire à ton frère ce qui se passe avec Max en dehors de ça ? Que vous sortez ensemble ?

— Je n'ai jamais dit qu'on sortait ensemble.

Lexy lève les yeux au ciel.

— C'est ça, oui. Donc tu comptes dire à ton frère que tu couches avec son meilleur ami et que vous vous accordez parfois des soirées romantiques *sans* sortir ensemble ?

Je ne peux contenir un rire amusé. Dit comme ça, ça semble bien ridicule.

— S'il y a toujours quelque chose entre nous dans quelques semaines, peut-être que j'y penserai. Mais pas pour le moment.

— Tu sais que c'est risqué de mentir ? Il pourrait vous en vouloir deux fois plus...

Je hausse les épaules, déjà consciente de ce risque. Mais, si dans deux semaines on se rend compte que ce n'est pas possible entre nous, je m'en voudrais de tout avoir dit à Hayden et de causer des problèmes pour rien. Seul le temps me dira quoi faire.

Je lisse ma robe moulante, le cœur battant à tout rompre. Ça y est, j'y suis. Les premiers invités commencent à arriver, tout est en place. Un buffet a été dressé non loin de la scène, des décorations aux couleurs du futur foyer égayent la salle, et des porte-clés d'autodéfense sont distribués à chaque invité. Cette soirée est destinée à tous les investisseurs de notre nouveau foyer d'accueil pour femmes, un remerciement qui ne sera jamais suffisant, mais qui, j'espère, montrera l'engagement de l'entreprise.

— Tu es sublime, Mia.

Tirée de mes réflexions, je me retourne pour découvrir Michael, et lui souris poliment. Je ne l'ai pas recroisé depuis la soirée chez mes parents. J'avoue que j'aurais apprécié que cela continue ainsi.

— Merci, dis-je seulement, gênée.

— Est-ce que tu aurais un peu de temps à m'accorder ?

Je jette un coup d'œil à mon frère, avant de lui adresser un sourire contrit. Il veut sûrement parler de cette promotion qu'il a mentionnée à Lexy la dernière fois… Mais pas question de faire ça ce soir. Il ne sait décidément pas choisir son moment.

— Je suis désolée, pas pour l'instant. Excuse-moi, quelqu'un m'attend.

Je me dirige d'un pas rapide vers Hayden, et celui-ci me prend dans ses bras lorsque j'arrive à sa hauteur, vêtu de son costume bleu marine qui lui va si bien.

— Je suis content d'être là, ça va me changer les idées, murmure-t-il.

— Et moi je suis heureuse de t'avoir à mes côtés pour cette soirée. J'espère que ce sera un succès.

J'observe la pièce, un sourire fier aux lèvres. Le rendu est sublime, il n'y a plus qu'à espérer que les retours seront positifs.

— Mia, je peux te poser une question ?
— Bien sûr.
— Il se passe quelque chose avec Max ?

Je pivote vivement vers lui, mon sourire ayant déserté mon visage.

— Quoi ? Pourquoi tu me demandes ça ?

Il désigne le fond de la pièce, où se trouve Max, et nos regards se croisent. Il m'adresse un mince sourire que je suis certainement la seule à discerner, et mon cœur bat d'appréhension. Je ne veux pas croire que Hayden ait pu deviner…

— Il n'arrête pas de nous observer sans pour autant venir vers nous. On dirait qu'il t'évite. Vous vous êtes engueulés ? Je sais que vous aviez du mal à vous supporter avant, mais vous travaillez quand même ensemble…

Dans d'autres circonstances, j'aurais ri. Du mal à nous supporter ? S'il savait. Mais il y a trop en jeu pour que je me permette de l'humour, là, maintenant. Hayden ne doit rien savoir.

— Non, non. Tout va bien. Il n'ose peut-être pas nous déranger. Ne bouge pas, je vais le chercher.

Je tourne les talons pour foncer dans la direction de Max, passablement agacée que sa tentative d'être discret ait l'effet inverse. Celui-ci regarde tout autour de lui, l'air surpris en comprenant que je me dirige vers lui. Lorsque j'arrive à son niveau, il hausse les sourcils, son regard traînant sur ma silhouette.

— Mon corps te manquait tellement que tu as pris le risque de venir me voir alors que ton frère nous observe ? demande-t-il, moqueur. Tu veux vraiment qu'il suspecte quelque chose, on dirait…

Je me passe une main sur le visage. Si seulement ce n'était que ça.

— Max. Tu restes volontairement en retrait de ton meilleur ami. Ça éveille les soupçons. Il vient de me demander si on s'était disputés.

— Et t'as dit quoi ?

— Que ce n'était pas le cas et qu'au contraire on s'envoyait en l'air... Non mais, sérieusement, tu voulais que je réponde quoi ? grommelé-je.

Max lève les yeux au ciel, sûrement conscient de la débilité de son idée, avant de me suivre jusqu'à Hayden sans rien dire. J'en profite pour regarder discrètement son corps moulé dans son costume noir. Je peux dire sans la moindre hésitation que ses fesses dans ce pantalon bien taillé sont à tomber.

— Max ? demandé-je.

— Oui, *Miamor* ?

Je souris en entendant ce surnom ridicule.

— Te voir en costume me donne envie de te l'enlever, soufflé-je avant d'accélérer le pas.

J'entends Max grogner mais je ne réagis pas, tentant de rester neutre. Je sais que cette idée va lui trotter dans l'esprit et qu'il va avoir du mal à rester de marbre... C'est bien ce qui m'amuse tant. Lorsque nous arrivons au niveau de Hayden, je souris comme si de rien n'était.

— Désolé, j'essayais de fuir ta sœur, j'ai bien l'impression qu'elle ne sait plus se passer de moi, déclare Max une fois à son niveau.

Je jette un regard mauvais à mon collègue. Je suis certaine qu'il est juste contrarié de ne pas pouvoir s'éclipser dans une pièce sombre. Hayden éclate de rire, visiblement très amusé par les âneries de son ami, et je souris, malicieuse.

— Ne prends pas tes désirs pour la réalité, Max. C'est toi qui es dépendant de moi, si je te vire, t'es au chômage.

— Il y a un conseil de direction, si tu veux virer quelqu'un... Ce n'est pas si facile, réplique Hayden.

Je fais la grimace à mon frère, puis donne un coup de coude à Max, qui rit de bon cœur. Il est bien trop satisfait d'avoir mon frère de son côté.

— Tu vas me le payer, dis-je à son attention.

— Ah oui ? J'ai hâte de voir ce que tu prévois.

Je déglutis péniblement sous son regard lourd de sens. Nous savons tous les deux que nos comptes se régleront chez lui ou chez moi… Mais je me reprends bien vite en voyant le regard perturbé de Hayden. Merde. Je dois à tout prix rester dans mon rôle.

— Gardez vos bêtises pour vous, je vous rappelle que c'est une soirée professionnelle, déclaré-je en tentant d'ignorer la chaleur qui se répand dans mon corps.

— Tu as peur qu'on trouble ton discours ? fait Hayden en riant.

— En fait, Mia ne parle pas ce soir, dit Max.

— Quoi ? Comment ça ?

Mon frère me dévisage, et je sens mes joues chauffer. Je sais qu'il n'aurait jamais fait comme ça.

— Tu sais que ce n'est pas mon truc d'être sur le devant de la scène. Je préfère laisser la parole à celle qui gérera le foyer, elle connaît mieux le sujet que moi.

Hayden a toujours été mis en avant, il incarnait le visage de l'entreprise, mais je ne suis pas de ce genre. Je préfère de loin agir dans l'ombre, et voir les personnes qui représenteront les actions par la suite prendre les rênes dès le début.

— OK, c'est toi qui gères, de toute façon, remarque Hayden en soupirant.

— C'est une très bonne idée, Mia, lance Max.

Je lui souris, rassurée de le savoir là ce soir. Je vois bien que mon frère n'est pas fan du concept, mais savoir qu'au moins un de mes deux complices me soutient me permet de garder pied. J'observe la scène, sur laquelle les techniciens vérifient une dernière fois les branchements, et je soupire en reprenant mon rôle de patronne.

— Je vais vous laisser une minute, je préfère m'assurer une dernière fois que le son est bien activé dans la pièce.

— Je peux t'aider ? propose Max.

Je m'apprête à accepter, mais Hayden me devance.

— Tu ne veux pas plutôt rester ? On a eu peu de temps pour se voir, ces derniers temps.

J'adresse un sourire désolé à Max en sachant parfaitement qu'il ne peut pas refuser et je les laisse pour rejoindre la scène. La situation est délicate, je dois faire avec. Je salue au passage les quelques nouveaux arrivants, et j'évite soigneusement Michael. Avec Max et Hayden dans les parages, je ne veux pas créer de nouvel événement gênant.

Je monte sur l'estrade et m'engouffre derrière le rideau pour vérifier avec les techniciens que tout est OK, et, lorsque je suis certaine que rien ne dérapera, je m'approche de la femme qui doit prendre la parole. Elle est assez petite, des cheveux coupés à la garçonne, et semble tétanisée.

— Tout va bien ? demandé-je en me plaçant face à elle.

— Je crois. Je suis un peu angoissée. Est-ce que vous savez où est la P-DG de l'entreprise ? Je crois que j'ai besoin d'être rassurée.

Je me mords la lèvre, amusée de ne pas avoir été reconnue. Je suis donc discrète à ce point-là.

— Je suis juste devant vous. Et il n'y a aucune raison de stresser, vous allez être parfaite. Si vous êtes ici, c'est que le projet vous tient autant à cœur qu'à moi.

Elle me sourit, et je sais que, même si elle a peur, elle va réussir. Je n'ai pas choisi ce projet au hasard, ni la personne qui le dirigera sans réfléchir.

— Pourquoi il vous tient à cœur ? me demande-t-elle finalement.

Je fixe le sol en me balançant d'un pied sur l'autre, assez mal à l'aise lorsqu'il s'agit de m'ouvrir aux autres.

— Ma mère a fondé cette entreprise parce qu'elle aimait se sentir utile. Elle a toujours été très investie dans la cause des femmes, et disons que les chiens ne font pas des chats. Je regrette de voir que certaines personnes subissent des situations qu'elles devraient pouvoir fuir. Alors si on peut leur venir en aide... je crois qu'il n'y a pas à hésiter.

— Pourquoi ce n'est pas vous qui prenez la parole, ce soir ? Vous semblez déjà tenir un discours...

Je lâche un rire amusé.

— Je suis incapable de parler face à un public. Et j'ai lu votre discours, vous n'avez pas à douter.

Elle me gratifie d'un sourire, puis monte sur scène tandis que je reste en retrait. Cette femme est jeune et motivée, ses mots étaient justes, et j'ai hâte de les entendre en vrai. Quelques applaudissements résonnent, et, au moment où je m'apprête à m'approcher pour la voir plus correctement, je suis retenue par la taille. Une main se plaque contre ma bouche pour m'empêcher de crier. Je me débats, surprise que les techniciens ne réagissent pas, au moment où des lèvres se collent à mon oreille.

— On se détend, *Miamor*.

Il relâche sa prise et je me tourne vers Max pour lui jeter un regard mauvais.

— Tu es au courant que j'aurais pu hurler ?

— C'est pour ça que je me suis entraîné à te faire taire au lit avant...

Je secoue la tête avant de m'approcher pour lui voler un baiser comme j'en ai envie depuis que je l'ai aperçu. Les techniciens ne feront pas attention à nous puisqu'ils ne sont embauchés que pour la soirée, et nos collègues sont parmi les invités. J'attrape les pans de sa veste de costume pour le rapprocher de moi, et Max glisse une main sur la chute de mes reins en me rendant mon baiser. Lorsqu'il s'écarte, je souris, bien trop satisfaite d'être cachée par un rideau.

— Tu as lâché Hayden ?

— Il est dehors, il passe un coup de fil pour vérifier que Lexy va bien.

— Oh ! Donc tu t'es dit que pour faire passer le temps tu pouvais m'utiliser ?

Il sourit alors que je passe une main dans ses boucles.

— Tu as tout compris. Jusqu'où ai-je le droit de t'utiliser ?

Je jette un coup d'œil autour de nous.

— Étant donné que nous sommes trop entourés, un simple bisou pour le moment. Mais j'ai bien une idée pour après la soirée...

— Une idée pour me faire payer ma remarque de tout à l'heure ? Ou pour retirer mon costume ?

— Peut-être les deux...

Il embrasse le coin de mes lèvres au moment où les applaudissements retentissent de nouveau, et j'enfouis mon nez dans son cou en grognant. Je viens de me laisser distraire.

— Eh merde, j'ai rien écouté.

— C'était mémorable, rétorque Max.

— Parce que toi tu as écouté, peut-être ?

Il me sourit avec insolence. Voilà l'effet qu'il a sur moi. J'ai du mal à résister quand il est dans les parages. Même lorsqu'il est risqué pour nous d'être proches...

Chapitre 17

Max

Mia jette sa pochette sur son canapé, un large sourire aux lèvres. Il est déjà plus de 3 heures du matin, et je la sens ravie de sa soirée. Même si nous n'avons rien écouté du discours qu'a prononcé la future gérante du foyer, nous savons que cela a été un vrai succès, les investisseurs en ont fait des éloges jusqu'à la dernière minute. Je l'ai sentie reprendre confiance en elle face à tous ces retours, et je ne peux qu'en être ravi. À présent, je n'ai qu'une hâte, finir ce que nous avons commencé dans les coulisses.

Je me glisse dans son dos et mes mains se posent sur son ventre. Mia penche la tête en arrière pour s'appuyer contre mon épaule. Un soupir de satisfaction lui échappe. Je dépose une traînée de baisers dans son cou.

— Tu ne voulais pas me retirer ce costume ? susurré-je.

Elle se retourne vers moi pour me débarrasser de ma veste sans attendre, puis défait les boutons de ma chemise en m'attirant vers sa chambre. Ses jambes butent contre le rebord du lit, et un rire lui échappe. Elle a les yeux brillants de satisfaction.

— Je suis contente que tu aies assisté à la soirée, me confie-t-elle en faisant glisser mon haut.

— Je n'aurais certainement pas raté ça. Même si j'aurais préféré venir à ton bras.

Ses mains s'arrêtent sur ma ceinture et elle plonge son regard dans le mien. Si j'avais pu, j'aurais aimé l'emmener à cette fête en tant que cavalière plutôt que de devoir l'observer de loin échanger avec ce Michael.

— Un jour peut-être, dit-elle tout bas.

Je n'ai pas envie que ce soit une éventualité, j'aimerais que ça devienne la réalité.

— Ce n'est pas un « peut-être » pour moi.
— Quoi ? Comment ça ?

Mia pose ses mains sur mon torse, les sourcils froncés, alors que je tente de ne pas la faire flipper. Je veux qu'elle comprenne que je ne veux pas simplement reprendre là où nous nous sommes arrêtés en France, je veux plus.

— Je suis sûr que ça arrivera, lancé-je.
— Pourquoi ?

Sa voix n'est qu'un murmure. Je ne sais pas si elle désapprouve ou s'il ne s'agit que d'appréhension à l'égard des mots que je pourrais prononcer. Je la sens fébrile. Je prends alors son visage en coupe et la chaleur de ses joues vient réchauffer mes doigts. Je ne la quitte pas un seul instant des yeux.

— Qu'est-ce que tu veux dire ?
— Pourquoi tu penses que les choses vont durer ?

Des pouces, je lui caresse les pommettes, et je souris, une multitude de souvenirs traversant mon esprit. Elle n'a jamais compris ce que je pouvais ressentir.

— Peut-être parce que je t'apprécie, parce que j'aime les moments qu'on passe ensemble, même ceux où tu t'obstines à être agaçante, que je me suis attaché à notre histoire en France, que chaque moment passé ensemble renforce cet attachement... Je ne me serais pas embêté à rentrer aux États-Unis pour toi s'il en avait été autrement.

Ses yeux brillent. Mia vient passer ses bras autour de ma nuque, et je plaque une main dans le creux de ses reins pour plaquer son corps au mien.

— Regarde où ça a mené... On se retrouve mariés, dit-elle dans un sourire en frôlant mes lèvres des siennes.

Ma gorge se noue à cette évocation. Ce n'était pas ce qui était prévu à l'origine... Loin de là. J'ai même l'impression que ça a tout compliqué, surtout parce qu'elle ne sait toujours pas la vérité. Et je veux mettre ça derrière nous.

— Il faut qu'on parle du mariage, Mia...

Elle me sourit en se rapprochant encore un peu, bien plus confiante que je ne le suis, pour une fois.

— Pas ce soir. J'ai envie de finir la soirée aussi bien qu'elle a commencé...

J'hésite un instant avant de l'embrasser pour toute réponse, profitant encore un peu de l'instant. Elle a raison. Je ne veux pas gâcher cette soirée, ça compte trop pour elle. Lorsqu'elle saura la vérité... elle risque de m'en vouloir. Je dois choisir mon moment, je refuse de la perdre.

Je suis tiré de mon sommeil par une sonnerie de téléphone. Mia est à moitié allongée sur moi, son corps nu me réchauffe. Je m'extirpe à contrecœur de cette bulle apaisante pour me précipiter dans le salon et sortir son téléphone de son sac avant que ça ne la réveille. Mais, lorsque le nom de Hayden apparaît, mon cœur s'emballe. Il n'appellerait jamais à cette heure-ci, sauf en cas d'urgence. Je manque de décrocher à cause de la panique avant de foncer vers Mia. Hayd ne doit pas savoir qu'on est ensemble.

— *Miamor*, réveille-toi. C'est ton frère.

Comme si elle avait reçu un seau d'eau glacée sur le visage, Mia se redresse d'un bond et décroche dans la foulée, son regard paniqué ancré au mien.

— Hayden ? Il y a un souci ? demande-t-elle d'une voix essoufflée.

Quelques secondes passent, et je reste figé, la main sur sa cuisse. J'ai peur de ce que mon meilleur ami est en train de lui dire.

— Est-ce que tout va bien ? Oui… Bien sûr, que je peux venir. OK… Je le dis à Max. Enfin, je l'appelle, précise-t-elle face à mes yeux écarquillés.

Elle raccroche, le visage livide, et j'ai l'impression de ne plus savoir comment respirer.

— Lexy est à l'hôpital, elle va accoucher. Hayden veut que je vienne garder Avery, de sorte qu'il puisse rester seul avec Lexy. Et il m'a demandé de te prévenir…

Je me passe la main sur le visage, rassuré. Ce n'était qu'une question de temps pour que ça arrive, il n'y a plus qu'à attendre de leurs nouvelles et à faire attention à ne pas tout révéler par accident comme j'aurais pu le faire.

— J'ai failli décrocher sous le coup de la panique, tout à l'heure. Il va falloir qu'on fasse quelque chose avant que ce secret nous revienne en pleine figure.

Mia hoche la tête sans hésiter. Nous savons tous les deux que nous n'avons pas vraiment le choix, parce que notre relation va devenir risquée si nous continuons sur cette lancée.

— Dès qu'on sera sûrs que tout va bien, on lui parlera. Mais, en attendant, mieux vaut bouger. Tu peux me passer mes fringues ?

Je me rhabille avec mes vêtements de la veille dans la précipitation. Mia ne tarde pas à regrouper ses affaires ; elle est prête à partir, et j'attrape mes clés de voiture avant de la rejoindre à l'entrée du loft. Mais, alors qu'elle est sur le point d'ouvrir la porte, je la retiens de justesse.

— Qu'est-ce que tu as ?
— Maquillage. Ton poignet.

Elle avise sa peau, les yeux ronds. En moins de dix minutes, on a failli merder à deux reprises. Il va falloir faire attention.

Mia tourne les talons en vitesse pour aller masquer ça tandis que je descends démarrer la voiture. Lorsqu'elle me rejoint, je prends quelques secondes pour observer son visage tiré, et je pose une main sur sa cuisse.

— Ça va aller, Mia.

— Hayden doit être complètement flippé, et je dois avouer que j'ai peur pour Lexy et le bébé.

— On va les rejoindre, tout va bien se passer.

Sur ces mots, je prends la direction de la maternité sans me soucier des limites de vitesse. Hayd est certainement avec Avery à l'hôpital, et plus vite nous arriverons, plus vite nous pourrons le soutenir. Je laisse Mia lui demander où il se trouve, le temps de me garer. Quand c'est fait, nous prenons la direction de la salle d'attente à la hâte.

Mia marche vite, je pourrais presque entendre son cœur battre la chamade. Elle se précipite vers son frère lorsqu'elle l'aperçoit. Avery est allongée contre lui.

— Tu as des nouvelles ? Est-ce que tout va bien ? chuchote la jolie brune.

Je la sens soucieuse. Sa chevelure masque à moitié son regard et lui tombe en cascade dans le dos. Je sais à la façon dont elle observe son frère qu'elle n'est pas rassurée.

— Lexy ne va pas tarder à accoucher, tout va bien pour le moment.

Il se lève en confiant la petite à Mia, et lorsqu'il croise mon regard il se fige, l'air surpris.

— Vous êtes venus ensemble ?

Je tente de ne pas avoir l'air coupable.

— Je suis passé la chercher quand elle m'a appelé. Je ne voulais pas te laisser seul.

— Tu as découché ? Pourquoi tu portes les vêtements de la veille ?

Je jette un regard à Mia avant d'inspirer profondément. Ce n'est clairement pas le moment pour lui de se douter de quelque chose, il doit rester concentré sur le plus important.

— Nan, je suis retourné au bureau et j'ai travaillé pour rattraper tes dossiers. Mais tu devrais rejoindre ta femme, on parlera plus tard, OK ?

Hayden hoche la tête, bien que je le sente tendu par toute cette situation. Il suit ensuite le personnel soignant, qui se propose de l'emmener voir Lexy.

Je porte mon attention sur Mia, à présent installée à la place de son frère, sa nièce endormie près d'elle. Et je me pose à ses côtés.

— Je n'avais pas vraiment imaginé notre nuit comme ça, chuchoté-je dans un soupir.

— Moi non plus… J'ai l'impression de ne même pas avoir dormi.

— Tu devrais essayer. Je te réveille dès qu'on a des nouvelles.

Mia me jette un regard peu convaincu, mais j'attrape la veste de Hayden pour la placer sur mon épaule et l'invite à s'appuyer dessus.

— Je n'ai pas sommeil, alors profites-en. Je te promets que je te préviens à la moindre information qui arrive.

Elle finit par céder après un dernier coup d'œil à Avery puis se pose contre moi. J'enroule mon bras autour de ses épaules pour la tenir au chaud. Il n'y a plus qu'à attendre, en espérant que tout se passera au mieux…

Chapitre 18

Max

Je peine à rester éveillé. Voilà déjà quatre heures que Mia a sombré dans les bras de Morphée pour rejoindre Avery, et le silence qui règne ici me donne envie de faire de même. Surtout lorsque je tiens Mia dans mes bras. Mais je refuse de me laisser aller tant que je ne suis pas sûr que la famille de mon meilleur ami va bien.

Avery s'est réveillée un peu plus tôt en réclamant sa mère, j'ai peiné à lui expliquer que ni elle ni Hayden ne pouvaient venir la voir. Heureusement, elle a accepté de se rendormir, la tête sur les genoux de Mia. Après ça, j'ai hésité à les emmener chez Hayden pour que la petite bénéficie au moins d'un vrai lit, mais il ne nous a pas laissé ses clés. Au lieu de ça, je les observe donc dormir sur les chaises en attendant d'avoir des nouvelles.

Lorsque la porte s'ouvre enfin sur mon meilleur ami, celui-ci observe sa sœur d'un mauvais œil en la trouvant assoupie contre moi. Je lui fais signe de se taire en tentant de me lever. Ce n'est pas le moment de faire un esclandre pour si peu. Le sommeil de Mia est légèrement troublé lorsque je tente de bouger, mais, une fois certain de ne pas l'avoir réveillée, je la couvre de la veste de son frère avant de rejoindre ce dernier à l'écart. Il semble épuisé. Malgré tout, je lis un soulagement sur son visage.

— Alors ? demandé-je du bout des lèvres.

— Alors... Avery a une petite sœur. Deux kilos six, elle est déjà grande malgré l'accouchement prématuré. Tout va bien, elle et Lexy sont en bonne santé, elles pourront normalement sortir d'ici quelques jours.

Je prends mon ami dans mes bras et je laisse enfin sortir l'air que j'avais jusque-là retenu dans mes poumons. Ils ont une nouvelle petite fille, et Lexy va bien. C'est tout ce qu'ils méritent.

— Félicitations, je suis tellement content pour vous.

Hayden s'écarte, un sourire rayonnant aux lèvres. Je crois ne jamais l'avoir vu aussi heureux que depuis qu'il est avec Lexy.

— Merci... Tu sais, on aimerait la faire baptiser. Et on avait pensé à toi comme parrain...

J'ouvre la bouche dans un *o* parfait, surpris par cette demande mais surtout touché. Je n'ai jamais imaginé une telle situation, et on peut dire que je suis pris au dépourvu.

— Je... J'en serais ravi. Je ne sais pas quoi dire.

— Alors ne dis rien, répond Hayden en pouffant.

Il place une main sur mon épaule, et je pose le regard sur Mia. Il faut que je la réveille, qu'elle sache que tout va bien.

— Faut dire tout ça à Mia. Elle avait hâte de savoir.

Je m'écarte de Hayden mais, avant que j'aie pu faire un pas, il me retient par le bras.

— Attends. Tu peux me dire ce qui se passe ?

Mon meilleur ami retrouve cet air sérieux qu'il arbore lorsqu'il se méfie de quelque chose, et l'espace d'un instant j'hésite à lui dire la vérité. Après tout, il est de bonne humeur, peut-être que ça l'aidera à accepter la situation... Mais je ne peux pas faire ça sans l'accord de Mia.

— On est amis, déclaré-je. Est-ce que c'est un problème ?

Je le teste. Je veux comprendre ce qu'il nous reproche vraiment, pourquoi ce ne serait pas possible entre Mia et moi selon lui. Hayden fronce les sourcils, perturbé par ma question.

— Bien sûr que non, vous avez le droit d'être amis. Mais je t'ai déjà dit que je ne voulais pas que tu t'approches d'elle, autrement. Elle n'a pas besoin que quelqu'un la blesse.

— Pourquoi tu penses que je la blesserais ?

Il se passe une main sur le visage, visiblement agacé par la tournure que prend cette discussion. Ça tombe bien, moi aussi.

— Max, ce n'est pas à toi que je vais apprendre que j'ai ramassé déjà trop de filles en pleurs à la porte de notre appart. Mia n'a pas eu un parcours facile, elle n'a pas besoin de ça.

Il a peur que je la blesse ? Pourtant, c'est lui qui est en train de me blesser, là. Je ne veux pas croire que mon meilleur pote puisse vraiment penser ça encore aujourd'hui. Ce serait mentir que de dire que je n'ai pas eu ce comportement par le passé. Oui, j'ai fait le connard involontairement avec bon nombre de filles quand j'étais à la fac... Mais j'ai changé, et il devrait l'avoir vu.

Il faut croire que mes années en France nous ont plus éloignés que je ne le pensais.

— Tu n'as pas prévu de te taper ma sœur, n'est-ce pas ?

Je lâche un rire jaune en secouant la tête. Je n'ai même pas envie de discuter de ça avec lui. Pas maintenant.

— Je vais aller réveiller Mia, déclaré-je finalement.

— Laisse, je m'en occupe.

Il me contourne pour approcher sa sœur, et je reste en retrait sans savoir quoi faire. Il veut me tenir à l'écart, et j'ai l'impression que la situation est en train de m'échapper. Je ne veux pas qu'il apprenne pour nous de cette façon, je n'ai pas besoin d'un autre obstacle entre Mia et moi.

Lorsque cette dernière émerge, je l'entends murmurer mon prénom, ce qui me vaut un regard noir de la part de son frère.

— Tu as des nouvelles ? demande-t-elle d'une voix ensommeillée.

— Tout va bien. Notre fille est née, Lexy est en bonne santé, on s'en sort bien.

— Et le prénom ?

— On vous l'annoncera plus tard, ensemble. Pour le moment, il va falloir attendre un peu.

Mia prend son frère dans ses bras, réveillant Avery au passage, et la petite cherche partout autour d'elle.

— Où est maman ?

— Elle est avec ta petite sœur, ma puce. On pourra bientôt les voir.

Avery se lève pour s'approcher de Hayden, et celui-ci la hisse dans ses bras. Il essaie de lui expliquer ce qui s'est passé ces dernières heures. Pendant ce temps, Mia se dirige vers moi. Je me sens tendu à l'extrême en sachant que Hayden garde un œil sur nous.

— Je suis désolé, j'avais dit que je te réveillerais, mais ton frère ne m'a pas laissé t'approcher…, chuchoté-je. Je crois qu'il se doute de quelque chose.

Mia fronce les sourcils avant de jeter une œillade à Avery et Hayden. Ce dernier nous observe tout en écoutant sa fille, et je tente un sourire qui n'a sûrement rien de naturel.

— On avisera demain. Pour le moment, on a bien mérité un lit et une grasse matinée…, déclare Mia, bien plus sereine que moi.

— Je te ramène ?

— Tu ne viens pas chez moi ? murmure-t-elle.

Je hausse un sourcil, surpris de la proposition. Dans d'autres circonstances, j'aurais tenté un trait d'humour. Mais pas avec Hayden à côté.

— Si tu insistes.

— Si elle insiste à propos de quoi ? demande justement son frère.

Je souris à mon meilleur ami, l'estomac noué à l'idée de lui mentir.

— Mia voulait que je la ramène.

— Je peux le faire, réplique-t-il, sa fille dans les bras. Je dois de toute façon déposer Avery à la maison, ma mère va venir la garder pour la matinée pendant que j'apporte d'autres affaires à Lex. Ça ne fera qu'un détour.

Je ne dis rien. Ce serait bien trop suspect. Mais Mia n'est visiblement pas de cet avis.

— Vous feriez mieux de rentrer tous les deux, Hayd. Avery a l'air fatigué, ne fais pas un détour inutile pour moi. Et puis Max me doit bien un trajet en voiture, je fais l'effort de le supporter tous les jours.

Elle me jette un regard amusé, et Hayden ne dit rien, bien que je remarque son air méfiant. Il ne croit pas une seconde à cette excuse bidon, mais je sais qu'il ne dira rien pour le moment parce qu'il y a Avery près de lui.

— Comme vous voulez. Je vous envoie des nouvelles quand j'en ai. Merci d'être venus, ça compte pour moi.

Hayden nous sourit, mais je le sens crispé. À cause de l'accouchement, de ce qu'il pense savoir... Je ne sais pas. Quoi qu'il en soit, il va falloir qu'on trouve un moyen de lui dire les choses avant qu'il ne les découvre lui-même.

Chapitre 19

Mia

— Tu ne veux pas arrêter de travailler ?

Je secoue la tête tout en souriant, Max collé à mon dos. J'ai déjà raté deux heures de travail ce matin en tentant de rattraper mon sommeil, il n'est pas question que je prenne plus de retard que ça, même si le beau brun semble déterminé à troubler ma concentration. Si le télétravail existe, ce n'est pas pour rien.

— J'ai une entreprise à faire tourner, et toi aussi tu as du boulot, rétorqué-je sans pour autant le repousser.

Il passe une main sur ma joue pour me forcer à tourner la tête vers lui, et je lâche un gémissement lorsqu'il me vole un baiser bien trop court.

— C'est le week-end, Mia. Décroche, murmure-t-il contre mes lèvres.

— Pourquoi ? Tu as quelque chose à me proposer ?

Max se rapproche doucement, une main sur ma hanche, mais la sonnette de mon appartement retentit avant qu'il m'embrasse. Je soupire d'agacement, avant de me replonger dans mes mails le temps que Max aille ouvrir la porte.

— Mia…

Sa voix n'est qu'un murmure. Je me tourne vers lui, soucieuse. Et tout mon corps se fige lorsque je découvre mon frère sur le pas de la porte, l'air furieux. Max avait raison, ce n'était qu'une question de temps pour qu'il comprenne… Je me lève immédiatement, le cœur battant à tout rompre.

— Hayd ? Tu n'es pas avec Lexy ?

Il lâche un rire jaune en entrant dans mon loft. Rire qui résonne en moi et me fait trembler des pieds à la tête.

— Je voulais vérifier que je me trompais, que mon esprit me jouait des tours, j'ai visiblement eu raison de le faire. Alors, lequel de vous me dit la vérité ?

Ni Max ni moi ne prenons la parole. Hayden nous observe à tour de rôle. Je ne saurais même pas quoi dire, comment définir ce que nous partageons, Max et moi… Et, si je m'avisais d'avouer que tout ça a commencé par du sexe, je crois que je signerais notre arrêt de mort.

— Bon, dans ce cas, laissez-moi faire, lance mon frère en s'impatientant. Vous vous êtes foutus de ma gueule et vous m'avez menti. Mon meilleur pote se tape ma petite sœur. Quelque chose à ajouter ?

Max fait un pas en avant, et je sens tout mon corps se tendre en voyant Hayden serrer les poings. Je ne l'ai vu en colère qu'une seule fois dans ma vie, et c'était juste après qu'un camarade de classe m'ait cherchée jusqu'à ce que j'en pleure. On est sur une pente glissante… et je ne suis pas sûre qu'on arrive à la remonter.

— C'était pas prévu, OK ? Quand elle est venue en France, on…

— Depuis la France ? répète Hayden.

Je me passe la main sur le visage. Évidemment, il fallait que Max fonce droit dans son piège ! S'il y a bien une chose que Hayden déteste, c'est qu'on ne lui dise pas la vérité. Nous n'avions pas le choix, mais préciser que cela dure depuis si longtemps… on aurait pu s'en passer.

— Écoute, Hayd, on est adultes, déclaré-je sérieusement. Oui, ça a commencé en France. On est devenus amis, et cette amitié a évolué. Puis on s'est retrouvés grâce au travail à son retour aux États-Unis. Je ne vois pas le souci, on est consentants, le reste ne te regarde pas.

Hayden s'approche de moi, le regard noir, alors que Max semble ne pas savoir quoi dire. Je sais que mon frère n'apprécie pas. Il a passé son enfance à rattraper mes nombreuses conneries, et il ne pense sûrement pas à mal, mais j'en ai marre que les autres décident pour moi.

— Tu me demandes quel est le problème ? Le problème, Mia, c'est qu'il va finir par te briser le cœur. Tu le connais aussi bien que moi ! Il a beau être mon meilleur ami, je n'ai aucune envie de te voir souffrir.

Je secoue la tête. Oui, je connais Max bien mieux que lui, visiblement. Je veux bien qu'il cherche à me protéger, mais on parle quand même de son ami d'enfance, bon sang ! Et je vois bien au regard de Max qu'il se sent blessé de constater que Hayden a si peu confiance en lui. Ça me blesse aussi.

— Ça fait presque trois ans que cette relation dure, Hayden. Et tu sais quoi ? Ni lui ni moi n'avons eu personne d'autre à côté. Alors je crois que, s'il avait dû me briser le cœur, il l'aurait fait depuis longtemps déjà.

Je fixe Max en disant ces derniers mots. J'ai confiance en lui, je veux qu'il le sache. Il m'adresse un sourire en retour, et Hayden se tourne vers son meilleur ami sans que j'arrive à comprendre son état d'esprit.

— Trois ans. Tu m'as menti pendant trois ans. Je t'ai pourtant tendu des perches.

— On n'avait pas prévu que ça arrive. Et je savais que, si je te le disais, tu m'en voudrais.

Hayden secoue la tête, comme si nous étions en tort. Pourtant, il a des choses à se reprocher aussi, dans cette histoire.

— Je me sens tellement con. C'est pour ça que tu préfères bosser pour nous plutôt que pour ces stupides hôtels Wagner. Tu voulais juste sauter ma sœur !

Max semble perdre patience alors que tout mon corps se fige à ces mots.

— Je veux bien que tu m'en veuilles, Hayd, c'est normal. Mais ce n'est pas une raison pour manquer de respect à Mia. D'autant plus que tu n'as aucune idée d'à quoi ressemble notre relation, rétorque Max avec un calme qui cache bien sa colère grandissante.

— Répète ce que tu as dit ? demandé-je à mon frère, la gorge nouée.

Ce dernier se tourne lentement vers moi, le regard désolé. J'ai l'impression d'avoir le vertige, que mon cœur ne sait plus comment battre correctement.

— Pardon, Mia. Je ne voulais pas… Mes mots ont dépassé ma pensée, c'est juste que…

— Pas ça. Pour les hôtels. Redis-moi le nom.

Hayden fronce les sourcils, comme s'il ne comprenait pas, son regard alterne entre Max et moi. Lorsque mon regard croise celui du brun, il sait que j'ai compris. Et mon cœur se fissure face à l'évidence.

— Les hôtels Wagner ? répète-t-il enfin.

Je sens une larme rouler le long de ma joue. Très rapidement rejointe par une seconde. Ma poitrine se serre, j'ai l'impression que quelque chose comprime mes poumons. Hayden semble paniqué face à mon état émotionnel, tandis que Max n'amorce pas un geste dans ma direction. *Il n'a pas intérêt à m'approcher.*

— Il faut croire que tu avais raison, Hayden. Il allait bien finir par me blesser, déclaré-je d'une voix chevrotante.

— Qu'est-ce que tu racontes ? me demande mon frère.

Je quitte Max des yeux pour observer Hayden en tentant de ne pas montrer à quel point son ami vient de piétiner mon cœur. Ça doit se régler entre nous, je refuse de voir Hayden se mêler de ça. Il risquerait de me retenir de l'étriper.

— Tu veux bien nous laisser ? Je t'expliquerai plus tard, là, maintenant, j'ai besoin de discuter avec lui, demandé-je.

— Tu es sûre ? Je peux…

— Sûre.

Hayden ne bronche pas, trop troublé par ce changement radical. Lorsqu'il passe enfin la porte, Max tente un pas vers moi, mais je recule. Son regard exprime une tristesse immense, mais je l'ignore volontairement.

— Alors ce n'était qu'une mise en scène ? dis-je du bout des lèvres.

— Bien sûr que non...

Je lâche un rire mauvais.

— Tu m'as fait venir à Las Vegas en utilisant l'entreprise de ta famille pour me faire croire à des investisseurs. Mais il n'y a jamais rien eu, ce n'était qu'un mensonge pour m'attirer à l'autre bout du pays. Un stupide guet-apens.

Il ne nie pas, et ça me fait encore plus mal. Pas un seul instant je ne me suis méfiée de lui. Ces dernières années, il ne m'a jamais donné une seule raison de douter. Je me suis éloignée par peur, et je suis revenue parce que je pensais que quelque chose était possible... Je me trompais. Hayden avait visiblement raison sur son compte.

— Je voulais qu'on discute, Mia. Je n'ai jamais imaginé que le voyage se terminerait par un mariage...

— Et tu n'as pas jugé bon de me le dire après coup ? lancé-je, agacée, des larmes dévalant mes joues.

— J'avais peur de te perdre ! Tu peux le comprendre, ça ?

— Pourtant, c'est exactement ce qui est en train d'arriver à cause de tes mensonges.

Max rompt la distance entre nous pour venir prendre mon visage en coupe et essuyer mes larmes. Ça ne change rien. Il aurait dû me le dire, j'aurais pu l'entendre lorsque je lui ai laissé sa chance. J'ai l'impression d'avoir été manipulée.

— S'il te plaît, Mia, écoute-moi.

Ses yeux sont tout aussi embués que les miens, et, si mon cœur se serre un peu plus face à cette vision, je ne cède pas pour autant. Il est temps de remettre en place mes barrières.

— On n'a rien à se dire, Max. J'ai besoin de sortir et d'être seule pour le moment. À mon retour, j'espère que tu seras parti.

Je me dégage de sa prise et il n'essaie pas de me retenir. J'attrape les clés de ma voiture, qui prend la poussière depuis une éternité, et je me tourne vers lui, ignorant son air abattu. Je dois me protéger.

— Profite de ta journée pour régler cette affaire de divorce. Je veux me débarrasser de ça au plus vite.

Et je ferme la porte sans attendre, le cœur en miettes. Le seul à qui j'ai enfin accepté d'ouvrir mon cœur vient de me trahir, mais je refuse de me laisser abattre. J'ai surmonté des problèmes de santé, j'ai fait mes preuves comme P-DG, alors un homme ne me détruira pas. Je rejoins la rue et grimpe dans ma voiture avec l'envie d'aller le plus loin possible. Je veux m'éloigner de Max, de ce qui me fait penser à lui, laisser mes sentiments derrière moi.

Mais je roule trop vite, la musique est trop forte, et, alors que je m'apprête à sortir de l'autoroute, je sens mon véhicule décoller du sol, avant que tout devienne noir…

PARTIE III

Aime-moi pour la vie

Chapitre 20

Max

Je n'ai pas bougé de l'appartement de Mia. Je suis déterminé à arrêter de la laisser fuir chaque situation. Elle n'est pas rentrée de la journée. J'imagine qu'elle est directement partie travailler pour se changer les idées, mais j'ai attendu tout ce temps ici. Il est hors de question que je la laisse me repousser à nouveau, après que nous avons enfin avancé ensemble. Nous allons discuter comme des adultes, et, si jamais elle décide de ne pas pardonner, alors j'aurai au moins essayé... Je ne partirai pas sur une dispute.

J'ai merdé, je le sais. Quand j'ai dit qu'on avait de potentiels investisseurs à rencontrer à Las Vegas, je pensais juste pouvoir trouver un vrai moment en tête à tête avec elle pour comprendre pourquoi elle s'est éloignée... Je comptais lui avouer le vrai motif de ma présence là-bas. Comment j'aurais pu deviner qu'on finirait tellement soûls qu'on se marierait sur place ? Je m'en veux, mais j'avais tellement peur de la perdre encore une fois. Alors je ne compte plus me défiler, je veux la convaincre de me laisser une chance de me rattraper.

Lorsque mon portable sonne, je me précipite sur celui-ci, le cœur palpitant, en espérant que ce soit Mia. Mais ce n'est qu'un numéro inconnu. J'hésite une seconde à répondre, avant de me dire que, s'il s'agit d'un appel professionnel, cela me permettra au moins de me changer les idées un instant.

— Max Koffman, que puis-je pour vous ?

— Bonjour, monsieur Koffman, je vous appelle de l'hôpital de New York. Votre femme a été hospitalisée en fin de matinée suite à un accident de voiture. Nous n'avons pas pu vous joindre plus tôt, car madame n'avait pas ses papiers sur elle.

Je me laisse tomber sur le canapé. L'air a déserté mes poumons. L'hôpital. Ma femme. Un accident. Je ne veux pas croire qu'il parle de Mia.

— Monsieur Koffman, vous êtes toujours là ?

— Comment va-t-elle ? Qu'est-ce qui est arrivé ?

Je ne reconnais pas ma propre voix. Elle est rauque du fait de l'émotion, et je sens mon palpitant me brûler la poitrine. Mia est partie en colère par ma faute. *J'ai* causé cet accident.

— En tentant de doubler, un véhicule est entré en collision avec celui de votre femme. La voiture a décollé du sol, et s'est arrêtée quelques mètres plus loin. Votre femme a eu beaucoup de chance. Elle a subi un choc au crâne, deux de ses côtes sont fêlées, elle a une plaie au niveau de la hanche et est sédatée pour le moment. Vous pouvez venir la voir dès que vous le souhaitez.

Je me lève aussitôt, sans vraiment réaliser ce que je fais. Mes mouvements sont automatiques, j'attrape mes affaires et le double des clés du loft. Lorsque je raccroche, je prends la route comme un automate après avoir envoyé un message à Hayden.

Je ne vois pas les kilomètres défiler, je ne sais même pas par quel miracle j'arrive à me garer, mais ce qui compte, c'est que je retrouve Mia. J'arrive sur place le cœur serré, et je bouscule quelques personnes sans y prêter attention.

— Bonjour, je cherche ma femme. Mia Koffman.

L'homme ne tarde pas à trouver son dossier et m'informe qu'elle ne pourra sortir qu'à partir du moment où les infirmières donneront leur accord. Mais je peux rester à ses côtés jusqu'à ce moment-là. J'acquiesce sans la moindre hésitation. Il n'est pas question de l'abandonner. Le médecin me guide ensuite dans les couloirs, puis, lorsqu'il ouvre la porte sur le lit de Mia, je me précipite vers elle. Mon organe vital se remet à battre à la seconde où je vois qu'elle est vivante, bien qu'inconsciente.

Je m'approche, les mains tremblantes, et passe une main sur sa joue pâle. Les traits de son visage sont tirés, une ecchymose colore sa pommette gauche, et je retiens mes larmes en la voyant dans cet état. Si je ne lui avais pas menti, elle n'en serait pas là. Elle ne serait pas blessée. Je m'en veux, parce que je n'ai pas su la protéger.

Lorsque j'entends la porte s'ouvrir à nouveau, je me tourne sans lâcher la main de Mia pour découvrir Hayden, qui se précipite à mes côtés, l'air inquiet.

— Qu'est-ce qui s'est passé ?

Je renifle, la gorge serrée.

— Elle est partie en colère après qu'on s'est engueulés, elle a pris le volant. Une voiture lui est rentrée dedans…

— Elle va s'en sortir ? Pourquoi c'est toi qu'ils ont prévenu ?

Je ferme les yeux pour contrôler au maximum ce que je ressens, sans succès. Les larmes inondent mes joues.

— Elle n'a aucune blessure grave, elle se réveillera quand les sédatifs ne feront plus effet. Et pour ce qui est de l'appel, inutile d'en parler maintenant, je n'ai aucune envie de me disputer avec toi. Tout ce qui compte à mes yeux, là, maintenant, c'est elle. Alors je ne te laisserai pas me mettre dehors parce que tu m'en veux.

Hayden a beau être mon meilleur ami, il n'est pas question qu'il tente de m'éloigner de Mia parce qu'il me pense mauvais pour elle. Quand on trouve une personne avec qui on a envie de passer chaque moment qu'il nous est donné de vivre, on ne la laisse pas filer.

— T'es amoureux d'elle, n'est-ce pas ? murmure Hayden.

Je relève la tête pour le découvrir en train de m'observer avec incompréhension. Je ne réponds rien. Pas besoin d'être un génie pour voir qu'il dit vrai, mais je n'ai clairement pas envie de parler de mes sentiments avec lui. La seule personne à qui j'aurais dû en parler se trouve allongée dans un lit d'hôpital.

— Ça fait longtemps ? demande-t-il.

— Deux bonnes années, avoué-je sans quitter son visage des yeux.

Dès le moment où Mia a commencé à se montrer telle qu'elle est vraiment avec moi, j'ai craqué pour elle. Le jour où je l'ai embrassée pour la première fois, j'ai senti que l'alchimie entre nous ne tarirait jamais. Et, quand j'ai eu le courage de l'inviter à sortir, j'ai su que j'étais foutu. Je ne me bats pas seulement parce que j'aime nos moments passés ensemble ou parce qu'il n'y a qu'elle qui m'attire, je me bats pour la garder à mes côtés parce que mon cœur sait qu'il n'y a qu'elle, et ça ne changera jamais. Peu importe qu'elle me pardonne ou non.

Mon meilleur ami pose une main sur mon épaule, et je tente de ne pas montrer mes larmes.

— Je suis désolé pour tout à l'heure. J'aurais dû te faire confiance, et, même si je vous en veux de m'avoir caché les choses, je suis désolé que ça t'ait autant blessé.

— Je n'aurais pas dû te mentir, je sais que j'ai mes torts. Et je lui ai menti, à elle, aussi. J'ai eu tellement peur de la perdre définitivement…

Et c'est bien la première fois que je me sens si démuni… Tout était simple avec Mia… jusqu'à ce qu'elle me rejette et que notre relation parte en vrille avant même que je puisse vraiment réaliser ce qui était en train d'arriver. À présent, ma seule angoisse est de me réveiller demain en sachant qu'elle ne m'accordera même plus un regard.

La porte de la chambre s'ouvre soudain sur une infirmière armée de son tensiomètre, et celle-ci nous salue poliment alors que Hayden ne cesse de m'observer.

— Excusez-moi, je dois prendre la tension de votre femme, monsieur Koffman.

Je ferme les yeux au moment où le regard de Hayden se fait plus insistant. Je voulais éviter la dispute alors que Mia se trouve blessée et inconsciente, mais je crois que l'infirmière vient de la provoquer.

— Ta quoi ?

Je lui fais signe d'attendre, et Hayden s'éloigne en respirant trop rapidement. Lorsque l'on se retrouve de nouveau tous les trois dans la pièce, il semble perdre patience.

— T'as intérêt à m'expliquer, et vite, déclare-t-il d'une voix froide.

Je caresse la main de Mia de mon pouce sans regarder Hayden. Il va me détester après ce que je vais lui expliquer, et peut-être que Mia aussi m'en voudra… Mais il n'y aura plus aucun secret entre nous, et ça ne peut être qu'une bonne chose.

— Peu de temps avant que je décide de revenir aux États-Unis, Mia m'a largué déclaré-je, le cœur serré. Elle n'a donné aucune explication. Elle m'a juste dit que plus rien n'était possible entre nous, et a ensuite arrêté de répondre à mes lettres et mes messages. Je ne sais d'ailleurs toujours pas pourquoi elle m'a quitté…

Hayden attend la suite en silence.

— Alors j'ai accepté ta proposition. Je me suis dit qu'en travaillant près d'elle je finirais par obtenir une autre chance et qu'elle me dirait ce qui n'allait pas la première fois…

— Et évidemment elle t'a laissé une chance, dit-il d'une voix mauvaise.

— Pas du tout. Elle a continué à affirmer que rien n'était possible, à ne pas vouloir me parler. Alors j'ai fait un truc con…

Hayden semble méfiant lorsque je lui jette une œillade, et mon estomac se noue. J'ai honte de mon idée, je n'aurais pas dû l'exécuter, je le sais, mais ça nous a au moins permis de nous retrouver… Et je crois que, si c'était à refaire, je le referais sans hésiter.

— J'ai dit à Mia qu'un de tes vieux contacts souhaitait investir dans notre foyer d'accueil pour femmes, et que nous devions le rencontrer à Las Vegas. J'ai utilisé le nom de l'entreprise de ma mère pour que ce soit plus crédible et l'attirer à l'autre bout du pays… Je me suis dit qu'en passant quarante-huit heures loin de tout elle finirait par me parler.

J'observe son visage tristement paisible, mes yeux commencent à me brûler. C'est ce mensonge qui l'a conduite ici. Si je lui avais tout dit, elle ne se serait pas énervée et elle n'aurait pas pris la voiture pour s'éloigner de moi.

— C'était une idée stupide, Max, mais comment vous en êtes arrivés à…

Il ne termine pas sa phrase, alors je poursuis :

— Mia s'est sentie mal, elle pensait que si les investisseurs n'étaient pas venus c'était à cause d'elle. Elle a commencé à boire un peu plus que de raison, jusqu'à me faire des avances…

— Si jamais tu as profité de son état d'ébriété…, lâche Hayden, menaçant.

— Mais ça ne va pas ! Bien sûr que non, je l'ai repoussée !

Je suis blessé de voir qu'il peut penser ça de moi. J'ai peut-être merdé dans le passé, mais jamais je n'aurais fait une chose pareille, il devrait le savoir.

— Je lui ai dit qu'il ne se passerait rien tant qu'elle ne serait pas en pleine possession de ses moyens. Et il ne s'est rien passé, déclaré-je en tentant de garder mon calme. Je l'ai accompagnée toute la soirée jusqu'à finir aussi bourré qu'elle. Et quand je me suis réveillé, le lendemain, j'ai découvert qu'on avait fait la connerie de se marier.

— Quoi ? Mais… et pourquoi ne pas avoir divorcé ?

Si seulement c'était si simple.

— J'ai temporisé. J'avais peur qu'une fois le divorce acté Mia fasse une croix définitive sur nous… Puis elle est venue me voir en me disant que tu lui avais ouvert les yeux, et qu'elle voulait me laisser une chance. Après ça, je n'ai plus osé dire la vérité.

Hayd se passe une main sur le visage, alors que je baisse la tête, honteux. Je n'ai jamais été du genre à mentir, et j'ai clairement merdé sur toute la ligne. L'amour rend con, et j'étais tellement apeuré à l'idée que Mia ne me laisse pas une chance de lui prouver que les choses étaient bien possibles entre nous que je n'ai pas réfléchi.

— Je suis désolé, je n'avais aucune idée de tout ça... murmure Hayden.

— Normal, je ne t'ai rien dit. Et j'avoue que je ne le regrette pas quand je vois comment tu me considères..., déclaré-je avec amertume.

Hayden pose à nouveau la main sur mon épaule, mais je ne le regarde pas. Mon meilleur ami ne me connaît plus. Peut-être que j'ai ma part de responsabilité là-dedans, la distance n'a pas dû aider... Mais il aurait dû savoir que je ne me serais jamais approché de Mia si ça avait seulement été pour un coup d'un soir.

— Je suis désolé, me dit-il alors. Je n'ai pas pensé à toi, j'ai uniquement pensé à Mia, alors que j'aurais dû m'intéresser à ce que tu ressentais, toi.

Je hausse les épaules. Honnêtement, ça m'est égal pour le moment.

— On verra ça plus tard, je n'ai pas l'énergie de parler de tout ça plus longuement avec toi. Je veux juste que Mia se réveille.

— Elle *va* se réveiller. Je dois retourner voir Lexy, c'est dans le bâtiment juste à côté, mais dès que Mia se réveille appelle-moi.

Je hoche la tête puis le laisse partir sans un mot de plus. Je me moque pas mal de savoir que du retard va être pris au travail ou que je suis en train de perdre mon meilleur ami. Je m'inquiéterai de tout cela demain. Pour le moment, je veux simplement la voir ouvrir les yeux, même si c'est pour me regarder avec colère.

Parce qu'au moins elle sera là.

Chapitre 21

Mia

Je papillonne doucement des yeux. Une douleur lancinante me prend à l'abdomen. Je peine à m'habituer à la lumière et, lorsque les contours de la pièce dans laquelle je me trouve apparaissent enfin plus clairement, je réalise que je suis dans une chambre d'hôpital. Je tente de bouger, déclenchant des brûlures un peu partout dans mon corps. Rien que respirer m'arrache des grimaces. *Bon sang, mais qu'est—ce que j'ai fait ?*

Lorsque je tente de m'asseoir, je découvre Max, à moitié endormi sur mes jambes. Je fronce les sourcils tandis que les souvenirs de ce qui s'est passé remontent peu à peu à ma mémoire. On s'est disputés. Il m'a menti sur notre soirée à Vegas... et je suis partie en colère. Une voiture m'a foncé dedans, puis c'est le trou noir.

Je ferme les yeux un instant, réalisant que mon comportement impulsif aurait pu me coûter beaucoup plus, puis je réveille Max en douceur en espérant en savoir davantage.

— Hé, Max. Qu'est-ce que tu fais là ? demandé-je d'une voix éraillée.

Il relève doucement la tête, et lorsque son regard se pose sur moi il semble pleinement éveillé. Max encadre mon visage de ses mains, l'air paniqué, et je ne sais pas comment réagir face à ce contact soudain.

— Comment tu te sens ? Est-ce que tu as besoin d'un antidouleur ? Je peux faire quelque chose ?

Je secoue la tête, le corps douloureux, et je repousse Max alors qu'il m'adresse un regard blessé. Je ne peux pas me laisser avoir encore une fois, alors que je suis toujours secouée par les événements récents.

— Je t'ai dit que j'avais besoin d'espace.

Un rire gêné lui échappe. Je détourne les yeux, incapable de soutenir son regard.

— Tu pensais vraiment que j'allais te laisser ?

Je hausse les épaules en m'adossant à nouveau avec précaution. En réalité, je sais parfaitement que Max ne m'aurait jamais abandonnée. Et c'est ce qui est le plus douloureux. J'ai envie de croire que tout est possible entre nous, alors même que je me sens trahie par ses mensonges.

— Je n'ai pas envie d'en parler pour le moment, dis-je avant de soupirer. Qu'est-ce que j'ai exactement ?

Je suis déjà certaine de m'être cassé quelque chose, et, vu la douleur que je ressens en respirant, ce sont sûrement mes côtes qui ont pris cher. Max s'approche de moi en ignorant le fait que je l'ai déjà repoussé précédemment, et prend ma main dans la sienne, le visage tendu.

— Tu as deux côtes fêlées. Tu t'es aussi ouverte au niveau de la hanche, et tu as un bleu au visage…

Je passe ma main libre sur ma joue sans rien sentir, puis j'avise mon ventre recouvert d'un bandage.

Il a donc fallu que la vie mette de nouveaux obstacles sur ma route…

— Quand est-ce que je peux sortir ? Je veux rentrer chez moi.

Je veux retrouver le confort de mon loft, reprendre le travail, et oublier tout ce qui s'est passé. Que ce soit ce foutu accident ou les mensonges de Max. Ce dernier se redresse en lâchant ma main, et je sais d'avance à son air désolé que je ne vais pas aimer sa réponse.

— J'ai signé les papiers pour que tu puisses sortir… Étant donné que nous sommes légalement mariés, c'était à moi de le faire. Je peux te ramener chez toi dès que tu te sens prête. Mais je devrai rester à tes côtés durant toute la durée des soins.

J'ai l'impression de recevoir un coup dans l'estomac. C'est forcément une mauvaise blague. Pourtant, Max semble sérieux, bien qu'il ait le regard fuyant. Il sait parfaitement qu'à choisir je refuserai catégoriquement de cohabiter avec lui. Surtout après ce que je viens d'apprendre.

— Toi ? Me ramener ? Puis rester avec moi ? Certainement pas.

— Tu veux demander ça à qui d'autre ? Hayden et Lexy ont assez à faire avec Avery et le bébé, tu n'as que moi sous la main.

Il retrouve son aplomb habituel, et je me redresse pour tenter de ne pas paraître frêle dans ce lit d'hôpital. Il a parfaitement raison, oui, je n'ai aucune autre option que de le laisser m'aider, mais ce n'est pas pour autant que je compte me montrer agréable et lui pardonner.

— Est-ce que c'est encore une de tes techniques pour me manipuler ? lâché-je pour lui rappeler la raison de mon amertume.

Il semble blessé par mes mots, et, si une part de moi déteste ça, l'autre veut qu'il comprenne que j'ai l'impression d'avoir été utilisée comme un jouet. Malgré tout, Max ne répond rien, il se lève, se dirige vers la porte, et avant de sortir se tourne vers moi, l'air plus dur que jamais.

— Je vais appeler Hayden, il m'a demandé de le prévenir. Et... Mia ?

— Quoi ? dis-je sans délicatesse.

— Si j'ai fait tout ça, c'est parce que je t'aime trop pour renoncer à toi. J'espère que tu l'as compris.

Il ferme la porte sur ces mots, et je reste figée comme une idiote. Est-ce qu'il vient de dire ce que je crois ? Bien sûr que non. Je refuse d'y croire, parce que, même après ce qu'il a fait, mon cœur bat trop vite quand il est là et cela me fait peur. L'amour n'est pas une excuse à tous les maux, en tout cas, je ne veux pas que ça le soit. Son idée était stupide et manipulatrice, aucun mot de sa part ne changera ça. Pourtant, j'ai beau tenter de me focaliser sur ma colère, ce qu'il a dit ne cesse de tourner en boucle dans mon esprit. Si bien que, lorsque la porte s'ouvre à nouveau, je m'apprête à traiter Max de tous les noms pour le maudire de prendre autant de place dans ma tête. Sauf que c'est Hayden qui apparaît dans mon champ de vision. Un sourire illumine son visage fatigué.

— Je n'ai pas beaucoup de temps, on va bientôt donner à manger à notre fille, mais je voulais m'assurer que tout allait bien.

— Comme tu peux le voir, nickel, dis-je en montrant mon corps.

Hayden s'assoit sur le rebord du lit. Il a beau le cacher, je vois bien qu'il est aussi inquiet que Max. Mais ils n'ont pas à s'en faire, j'ai déjà survécu à pire.

— Max m'a expliqué tout ce qui s'est passé entre vous…, m'avoue mon frère.

— Et il t'a dit que je ne voulais plus le voir, aussi ?

Parce que ça me semble être l'information la plus importante, encore plus que cette stupide histoire de mariage qui ne nous a causé que des problèmes.

— C'est la colère qui parle.

— Parce que tu vas le défendre, maintenant ?

Je le dévisage sans comprendre ce retournement de situation. Il n'est quand même pas en train de me dire que je fais une erreur en refusant de m'engager avec son ami ? Pas alors que Hayden est en partie responsable de tout ce merdier ! Parce que monsieur a été trop aveugle pour voir son meilleur ami comme il est. Dites-moi que c'est une blague…

— Je lui en veux beaucoup, et la confiance ne risque pas de se réinstaller tout de suite entre nous… Mais il tient à toi.

— Pas assez, puisqu'il m'a menti.

— Uniquement par peur de te perdre. Et toi tu ne lui as pas menti, peut-être ? fait Hayden en haussant les sourcils.

— Bien sûr que non !

— Alors pourquoi ne sait-il toujours pas pourquoi tu l'as quitté ? On peut appeler ça un mensonge par omission, non ? Tu te sers juste de la situation comme excuse pour fuir.

J'ai un mouvement de recul. Alors quoi, Max lui a vraiment tout dit ? Si c'est le cas, il est certain qu'il n'a pas été difficile pour Hayden de faire le lien entre ma maladie et ma rupture avec Max. Et peut-être qu'il a raison, j'ai menti parce que j'avais peur de le perdre... Mais je n'ai aucune envie d'y penser pour le moment.

— Je veux rentrer chez moi. Alors dis à ton ami que je suis prête.

Mon frère s'exécute sans broncher, me laissant seule dans la chambre. Aussitôt, je lâche un profond soupir en fixant le plafond. Peu importe ce qui va se passer par la suite, une chose est sûre : je ne garderai pas seulement des séquelles physiques de cette journée. *Mon cœur souffre déjà.*

Chapitre 22

Max

Le sac sur l'épaule, j'ouvre la porte du loft avant de permettre à Mia d'y entrer. Nous avons fait un détour par chez moi pour que je récupère quelques affaires pour les jours à venir, le tout dans un silence pesant. J'ai bien tenté de lancer la conversation, mais Mia préfère m'ignorer pour le moment, ce que je respecte. Si elle a besoin de temps, je vais lui en laisser. Mais cette discussion finira tôt ou tard par arriver.

— Pourquoi ton costume est toujours là ? demande-t-elle froidement en découvrant ma veste sur son canapé.

— Parce que, lorsque tu as su la vérité, j'ai attendu toute la journée que tu reviennes… Jusqu'à ce que l'hôpital m'appelle.

Je dépose les clés du loft dans le vide-poche près de l'entrée, et je surprends Mia en train de m'observer. Si elle pense que je vais baisser les bras après une dispute alors que j'ai quitté l'Europe pour elle, elle se trompe sur toute la ligne. Sans ce stupide accident, on aurait certainement pu discuter de la situation.

Mia ne dit pas un mot. Elle se dirige vers la chambre d'un pas lent, une main sur la hanche, et je la suis après avoir déposé mon sac sur le plan de travail de la cuisine.

— Je n'ai pas besoin de toi, tu peux me laisser, grommelle-t-elle.

— Le moindre mouvement brusque pourrait rouvrir ta plaie, alors mets ta colère de côté pour l'instant.

Je ne veux pas qu'elle m'oblige à prendre mes distances, autrement, j'ai peur qu'elle ne me laisse plus jamais aucune chance de me rattraper.

Je mets la main sur quelques vêtements pour lui permettre de se changer – un vieux jogging et un T-shirt ample – puis je m'approche d'elle pour l'aider à enlever son haut. L'hôpital a été clair, elle ne doit pas faire d'efforts pour le moment.

— N'en profite pas pour mater, me lance Mia.

— Il n'y a pas une partie de ton corps que je n'ai pas vue, *Miamor*.

Elle ne dit rien lorsque je tente difficilement de ne pas lorgner sa poitrine découverte. Il n'est pas question de nous, d'un quelconque contact, Mia est blessée et je ne peux pas l'oublier. Surtout parce que je suis en partie responsable de l'accident. Je me tourne pour attraper le vêtement qu'elle va enfiler et, lorsque mon regard se pose à nouveau sur elle, je la découvre en train de soulever son pansement.

— Mia, tu ne devrais pas faire ça... Il faut que ça reste propre...

— Je veux voir.

Elle ignore complètement ma mise en garde et le retire complètement. Je ferme les yeux un instant en découvrant la plaie en arc de cercle qui s'étend sur sa hanche gauche. Quelques traces de sang séché colorent les fils de son opération. Ce n'est pas grave, le projectile n'a rien touché de vital, mais ça n'empêche que j'ai mal pour elle. Je n'aurais jamais dû la laisser partir en colère.

Mon regard remonte jusqu'à celui de Mia, et je sens mon cœur se serrer en découvrant sa moue dégoûtée alors qu'elle observe son propre corps. Une larme solitaire roule sur sa joue.

Elle ne dit rien, mais son attitude suffit à ce que je comprenne. Alors je m'approche d'elle en ignorant ce qu'elle m'a pourtant demandé.

— Ce n'est pas beau pour l'instant, mais ça va guérir, déclaré-je en observant nos deux reflets dans le miroir.

Mia secoue la tête en passant sa main sur son ventre, là où aucune blessure ne vient strier sa peau.

— Il restera une cicatrice. À croire qu'être blessée intérieurement ne suffisait pas, il fallait que la vie me laisse une marque à l'extérieur.

Je pose mes mains sur ses hanches, lui procurant un sursaut, puis je les glisse sur son ventre sans toucher sa blessure avant de coller mon torse contre son dos. Mia ne me repousse pas. J'inspire profondément pour contrôler les battements de mon cœur.

— Tu sais ce que je vois dans ce miroir ? murmuré-je, mes lèvres près de son cou.

Elle secoue la tête, le souffle court.

— Je vois une femme qui sait ce qu'elle veut, qui a réussi dans la vie, qui a obtenu le travail de ses rêves, qui est respectée et aimée de ses proches. Personne ne regardera ta cicatrice, parce qu'il y a toutes tes qualités qui passent avant. Tu te sens mal sous le coup de l'émotion, mais je t'assure qu'avec le temps ça ira mieux.

Ses yeux se posent sur moi, et l'espace d'un instant j'ai l'espoir de la voir se tourner, se rapprocher et m'embrasser... Mais au lieu de ça elle attrape le vêtement pour m'inciter à l'aider à l'enfiler, et je m'exécute en ignorant la boule qui se forme dans ma gorge. Une fois le pansement refait, je l'abandonne pour lui permettre de terminer de se changer, avec le besoin urgent de m'éloigner d'elle. Je n'arrive pas à savoir comment me positionner, je vais finir par devenir dingue.

Je m'accoude au plan de travail, la tête entre les mains. Quand est-ce que je suis devenu un homme tellement amoureux qu'il n'est plus capable de raisonner normalement ?

Je me retrouve à subir une situation qui me fait mal au cœur parce que je ne suis pas capable de laisser cette femme derrière moi. Pourquoi notre relation n'a pas pu continuer comme elle l'était, simple et sans prise de tête ? Je n'arrive pas à comprendre comment tout a dérapé, ni pourquoi Mia m'en veut autant. J'aurais dû dire la vérité, mais je n'ai pas inventé nos sentiments. Ils étaient bien réels, elle devrait le savoir. Je n'ai fait que passer sous silence ce qui nous a amenés ici… Tout comme elle n'a jamais rien expliqué sur la raison qui l'a poussée à mettre fin à notre relation.

Finalement, elle non plus ne m'a pas tout dit. Je ne sais toujours pas ce qu'elle m'a reproché, pourquoi du jour au lendemain elle m'a quitté. J'ai eu beau lui demander, elle n'a jamais répondu. Et voilà que je suis en train de la perdre parce que j'ai omis d'avouer cette stupide erreur ? Tout cela n'est qu'une excuse pour me repousser à nouveau. Et j'en souffre un peu plus à chaque minute qui passe.

Je sursaute lorsqu'une main se pose sur mon épaule, et je recule vivement sous le regard surpris de Mia.

— Est-ce que tout va bien ? Je t'ai appelé plusieurs fois. Je n'arrive pas à faire le nœud de mon jogging…

— Ouais, ça va.

Je m'approche d'elle pour attacher son bas sans la regarder dans les yeux et, avant que j'aie pu reculer, Mia me retient.

— Quel est le souci ? Je vois bien que tu es contrarié.

— Alors quoi, tu as le droit de ne pas m'adresser un mot et pas moi ? lâché-je sans réfléchir.

Mia fronce les sourcils. Je la contourne pour récupérer mon sac et sortir quelques affaires. Je n'ai pas contrôlé mes paroles. Je suis en colère contre ce que je ressens, je m'en veux de laisser la situation me faire autant de mal, de ne pas avoir toutes les cartes en main. Je crois que je suis en train de perdre pied.

— J'ai le droit de faire la gueule, vu ce que tu m'as caché.

Je me tourne doucement vers elle et tente de faire abstraction de son air fatigué – autrement, je n'arriverai jamais à lui dire ce que je pense. Il faut crever l'abcès.

— Tu sais quoi, Mia ? Si tu veux discuter, je pense qu'il va falloir qu'on distribue l'entièreté du jeu sur la table, qu'on ait enfin toutes les cartes en main.

Elle fronce les sourcils, comme si elle ne comprenait pas, et je m'appuie contre le plan de travail de sa cuisine sans détourner les yeux.

— On va arrêter de se cacher des choses. Pourquoi tu m'as quitté du jour au lendemain ?

Mia devient livide, encore plus qu'elle ne l'était déjà. Elle n'a pas besoin de parler pour que je sache que c'est une partie du problème. Elle se cache juste derrière ce que j'ai fait.

— Quel est le rapport avec ce que je te reproche ? demande-t-elle d'une voix fébrile.

— Le rapport ? Tu m'en veux de t'avoir caché la vraie raison de notre voyage à Vegas, alors que tu me caches la raison de ton éloignement. Donc je pense qu'il est temps de mettre les choses à plat.

Elle fuit mon regard en restant à plusieurs mètres de moi.

— Je ne suis pas sûre que ce soit le moment…

— Ça ne le sera jamais, à t'écouter. Alors dis-le une bonne fois pour toutes.

Mia secoue doucement la tête, et je ferme les yeux pour contrôler ma colère. J'ai l'impression que c'est un dialogue de sourds. Je veux bien faire tous les efforts du monde, tenter de respecter cette distance qu'elle instaure entre nous, le fait qu'elle m'en veuille… Mais, si elle ne me parle pas en retour, je ne vois pas ce que je peux faire de plus. Alors je m'éloigne d'elle pour attraper mes clés.

— Qu'est-ce que tu fais ? demande Mia, inquiète, en me suivant.

— Je vais prendre l'air.
— Max…
— Quoi ?

Je me tourne vers elle, le regard certainement noir, et je vois une larme perler au coin de son œil. Mais elle ne dit rien d'autre. Elle ne cherche pas à me retenir.

— Si tu n'as rien de mieux à me dire, je pense qu'on peut s'arrêter là. De toute façon, tu n'as pas besoin de moi pour dormir, alors je ne reviendrai pas avant demain matin.

Je quitte son loft en ignorant la douleur qui prend place dans ma poitrine. Peut-être que je me suis trompé sur toute la ligne. Peut-être qu'il n'y a finalement rien de possible entre nous, parce que Mia n'est pas prête à s'ouvrir et me faire confiance.

Chapitre 23

Mia

Je crois n'avoir jamais eu aussi mal de ma vie. Même lorsque je ne bouge pas, je sens la douleur qui irradie dans mon ventre. Chaque respiration est difficile. Les antidouleur que m'a donnés l'hôpital n'arrivent pas à calmer ce que je ressens. J'ai passé une partie de la nuit à tourner en rond, jusqu'à accepter que je n'arriverais pas à dormir. De toute façon, avec tout ce que j'avais en tête, c'était impossible.

Le départ de Max a été trop brutal, et sa demande n'a pas arrêté de tourner en boucle dans ma tête. Il veut savoir ce qui m'a poussée à rompre. Je sais que je ne peux pas lui en vouloir de m'avoir caché la vraie raison de notre venue à Vegas si je ne suis pas moi-même capable de lui dire les choses... Mon frère avait raison, j'aurais dû en parler, mais c'est tellement difficile de se montrer honnête à ce sujet. J'ai beau avoir pensé que tout était fini, avoir voulu le mettre dehors, c'était la colère qui parlait. Je m'en suis bien rendu compte en le voyant partir hier soir... Je déteste le savoir aussi remonté contre moi.

Il me faut du temps pour accepter la situation et réparer notre relation, mais j'y crois. Et j'ai peur que, si je lui révèle pourquoi je l'ai quitté à l'origine, il finisse par mettre fin à ce qu'il y a entre nous. Je pourrais le perdre définitivement.

Je marche difficilement jusqu'au salon – à cause de ma hanche – et j'attrape mon ordinateur pour tenter de m'occuper l'esprit en travaillant. Je ne peux pas me permettre d'avoir du retard à cause d'un stupide accident, je préfère même prendre de l'avance sur tout ce que j'ai à faire pour la semaine prochaine. Je tente de faire défiler mes mails en ignorant le mal de crâne qui commence à pointer son nez, mais je finis par fermer les yeux un instant pour me reposer.

Lorsque je les rouvre brusquement, ils tombent sur Max, dont le visage est toujours aussi tiré qu'hier.

— Tu t'es endormie avec ton ordinateur. Il va falloir que tu apprennes ce que veut dire le mot repos, déclare-t-il froidement.

Je me relève alors qu'il s'éloigne de moi avec mon outil de travail, et je tente de coiffer ma tignasse. Alors il est toujours énervé à cause de notre discussion de la veille ? Max s'affaire à préparer deux tasses de café, puis il en pose une devant moi sans me regarder. Je le remercie du bout des lèvres, sans trop savoir quoi dire d'autre. C'est donc à ça que va ressembler notre relation, désormais ? Moi qui lui en veux de m'avoir menti, et lui qui me reproche mon silence ? Je n'ai pas envie de tout ça. La vie est trop courte pour que je perde quelqu'un à qui je tiens par rancœur. Étonnamment, je crois que sa colère est en train de calmer la mienne.

— Je vais t'aider à te changer puis j'irai travailler, déclare-t-il.

— Un dimanche ?

— J'ai du boulot.

Je hausse les sourcils. Il se moque de moi. Je ne vois que ça pour justifier son comportement. Pas plus tard qu'hier, il me reprochait de vouloir bosser un jour de repos, et voilà qu'il est en train de faire la même chose ? Cette dispute devient ridicule.

— J'aimerais qu'on discute, déclaré-je.

— Parce que maintenant tu en as envie ?

Je soupire tout en me relevant, et le suis jusqu'à ma chambre. En vérité, je n'ai aucune envie de discuter de ce qu'il veut savoir, mais je refuse de laisser mon silence creuser le fossé qui existe entre nous.

— Max, si tu ne veux pas rester ici, dis-le. Je pourrais très bien me débrouiller seule, je suis certaine que ce n'est pas si compliqué.

C'est un mensonge. Lever le bras me coûte bien trop d'énergie, mais je préfère lui laisser le choix plutôt que de devoir supporter cette situation. Si nous éloigner peut nous permettre de nous calmer, alors je n'ai pas à y réfléchir deux fois. Max se tourne vers moi, le regard encore plus noir. Pourtant, sa colère ne semble pas vraiment dirigée vers moi.

— Je suis en partie responsable de cet accident, alors je reste.

Il me tourne le dos afin d'ouvrir mes tiroirs à la recherche de vêtements tandis que je reste pantoise. Il se pense responsable de mon accident ? Je ne comprends pas. Il n'était pas dans la voiture. Il n'aurait rien pu changer à la situation. Et notre relation a beau être en mauvaise posture, je refuse de le laisser croire une chose pareille.

— Max.

Il m'ignore.

— Max, bon sang !

Je me dirige vers lui pour lui attraper le poignet, et il s'immobilise sans pour autant me regarder.

— Pourquoi serais-tu responsable ?

— C'est à cause de moi que tu es partie en colère, murmure-t-il.

Un soupir m'échappe alors que je n'arrive pas à détourner les yeux de lui. Voilà pourquoi il tient tant à rester avec moi…

— C'est moi qui étais au volant, et pourtant je ne m'estime pas responsable de ce qui s'est passé. Alors tu n'as certainement pas à t'en vouloir de ton côté. C'est l'autre conducteur qui était en tort.

— Tu n'aurais jamais été sur cette route sans moi.

— Tu n'en sais rien. Alors arrête de te fustiger pour ce genre de conneries.

Max relève la tête pour m'observer, et cette fois-ci il semble retrouver ce calme qui lui correspond si bien. Je ne lâche pas son poignet, bien incapable de rompre ce contact entre nous. À la place, je tente d'ignorer mon cœur qui se serre dans ma poitrine.

— Si tu te sens obligé de rester à cause de ça, je préfère que tu partes.

Je détourne la tête, de peur de le voir quitter le loft, mais Max relève mon visage d'un doigt.

— Tu ne me feras pas partir.

— Alors arrête de t'en vouloir pour quelque chose dont tu n'es pas le coupable.

Je lui prends les vêtements des mains puis m'avance vers la salle de bains avant de lui jeter un dernier regard.

— J'ai envie de prendre une douche, mais je peux me débrouiller seule. Tu devrais te reposer.

Je ferme le rideau qui me sépare de la chambre et, pour prouver mes dires, je retire mon haut – non sans une grimace – puis me glisse sous le jet en prenant soin d'éviter d'éclabousser mon bandage. Ma côte me tire, ma blessure me brûle, mais l'eau chaude a au moins le mérite de me détendre. Je crois que j'avais besoin de ça après ces dernières vingt-quatre heures pour le moins difficiles. Je me lave les cheveux comme je le peux et, après ce qui me semble une éternité, je sors de la douche en tentant de me sécher sans me faire mal.

Lorsque mon regard croise mon reflet dans le miroir, je ne peux m'empêcher de repenser à ce que Max m'a dit hier soir, quand il décrivait ce que *lui* voyait en m'observant. Malgré tout, je n'arrive pas à avoir la même vision que lui. Dans la glace devant moi, il n'y a que ma joue devenue jaune à cause du choc, mon ventre recouvert d'un pansement immense... Je déteste que mon corps soit abîmé, parce que j'ai toujours eu l'impression que c'était mon seul atout. Pourtant, je vais garder des traces de l'accident. Savoir que Max parvient à voir au-delà de tout ça a un côté... rassurant. Parce que son avis compte.

Je soupire avant de recouvrir ce désastre d'une serviette, puis sors de la salle de bains. Je me moque d'être si peu couverte avec tout ce que nous avons déjà fait, Max et moi. Je trouve ce dernier dans la cuisine, en train de fixer son café.

— Tu sais, je n'aime pas conduire. J'ai peur des autres, des conneries qu'ils peuvent faire au volant et qui pourraient me coûter. C'est pour ça que ma voiture est toujours au garage, je suis trop stressée sur la route. Hier, j'avais le choix. Je pouvais très bien marcher pour m'aérer l'esprit, mais j'ai préféré conduire. C'était ma décision, et j'en suis la seule responsable.

— Sauf que j'ai motivé cette décision.

— Si je suis ta logique, je suis aussi responsable de l'embuscade que tu m'as tendue à Las Vegas !

Je n'en pense pas un mot, mais ça a le mérite d'attirer l'attention de Max.

— Comment ça ?

— Ce qui t'a motivé à faire quelque chose d'aussi stupide, c'est que je ne te parlais pas. Donc voilà, je suis coupable de tes mensonges également.

— Ne mélange pas tout, Mia, rétorque-t-il, agacé.

Je lève les yeux au ciel. Cette voiture aurait pu foncer sur n'importe qui. J'étais au mauvais endroit au mauvais moment, il n'aurait rien pu y changer. Il est juste trop têtu pour accepter que j'aie raison.

— Je dis simplement que, si tu veux te tenir responsable de la situation, sache que ce n'est pas mon cas. Je ne t'en veux pas, Max.

Je pose ma main sur la sienne avant de m'éloigner. Je ne veux pas que ça dérape entre nous, pas tant que nous n'avons pas discuté sérieusement. Je vais m'habiller, tenter de mettre au clair la situation, puis voir où cela nous mène. Alors que je m'apprête à rejoindre la chambre, la sonnette de l'entrée retentit. Lorsque j'ouvre la porte, je resserre immédiatement les pans de ma serviette contre moi, gênée par ma nudité.

C'est une blague ?

— Michael ? Qu'est-ce que tu fais là ?

Je n'ai pas besoin d'un regard dans la direction de Max pour savoir qu'il est aussi tendu que moi.

— J'ai appris que tu avais eu un accident de voiture, je voulais te proposer mon aide et me faire pardonner pour mon... opportunisme. C'était maladroit et mal venu. J'aimerais beaucoup qu'on ressorte ensemble à l'occasion... Quand tu iras mieux.

Il me sourit d'un air presque sincère, mais je reste muette face à lui. Je ne sais pas quoi dire, comment lui expliquer que, bien que sa visite soit appréciée, il ne peut rien y avoir de plus entre nous. Avant que j'aie pu trouver les mots, Max se glisse près de moi, et un soupir de soulagement m'échappe. Au moins, je n'aurai pas à me sortir de ce bourbier seule.

— C'est très gentil de t'inquiéter, mais Mia est bien entourée.

— Oh ! pardon. Je ne savais pas que vous...

— Maintenant, tu le sais.

— N'hésitez pas si vous avez besoin de quoi que ce soit.

— C'est ça, oui, déclare Max sans la moindre amabilité.

Michael s'excuse, ne comprenant certainement pas ce qui vient d'arriver, et une fois la porte fermée je dévisage Max.

— Tu aurais pu te montrer plus sympathique, il est venu prendre de mes nouvelles.

— Je rêve ou tu as hésité à accepter sa proposition ?

Je le dévisage quelques secondes, me demandant s'il est vraiment sérieux, mais Max n'ajoute rien. Il est réellement agacé par une stupide proposition d'un collègue ? Je sais qu'il déteste Michael, mais tout de même. On dirait presque qu'il... *qu'il est jaloux.*

Chapitre 24

Max

— Je te demande pardon ?

Je recule en secouant la tête sans savoir quoi dire. Mia a hésité, je l'ai bien vu. Et surtout elle n'a pas refusé sa proposition. C'est suffisant pour me blesser.

— Laisse tomber, Mia. J'en ai marre de me prendre la tête.

Je suis épuisé, je manque de sommeil et surtout je n'ai pas le courage de me disputer encore une fois avec elle. J'ai l'impression qu'on ne fait que ça, je veux un peu de répit, me donner le sentiment que tout va bien l'espace de quelques heures, même si ce n'est qu'une illusion. Je tourne les talons pour prendre mes distances, mais Mia ne l'entend pas de cette oreille.

— Tu en as marre de te prendre la tête ? Tu te moques de moi ? C'est toi qui as merdé à l'origine, Max !

Je m'immobilise au milieu du loft, et ferme les yeux un instant. Mon cœur bat anormalement vite. J'ai l'impression que cette histoire va me suivre toute ma vie alors que je n'ai jamais pensé à mal. Pire, j'ai l'impression que Mia n'arrivera pas à dépasser tout ça et à comprendre ce que je peux ressentir face à ce merdier. Je me tourne vers elle et découvre que son visage reflète une détresse sans doute similaire à la mienne.

— Est-ce que tu as conscience du fait que cette histoire me pèse ?

Elle ne répond rien, alors je fais un pas vers elle. Je crois qu'elle n'a pas compris ce que je lui ai dit à l'hôpital, ni pourquoi je me sens si mal lorsqu'elle ne parvient pas à repousser quelqu'un qui veut clairement sortir avec elle.

— J'ai le droit d'être en colère, déclaré-je calmement alors que ça bout à l'intérieur.

Je marque une pause, puis enchaîne :

— J'ai le droit de ressentir ça, Mia. Je m'en veux de t'avoir menti. Je m'en veux aussi pour ce putain d'accident. Et je suis tout aussi énervé parce que je tiens à toi ! lâché-je en faisant un pas de plus en avant. Je te déteste de ne pas me dire ce que tu me reproches, je te déteste d'être capable de me faire me sentir jaloux. Et, tant qu'on y est, je déteste quand tu triches aux jeux vidéo, quand tu te mords la lèvre en réfléchissant, la façon dont tu m'observes fixement. Et par-dessus tout je…

Je n'ai pas le temps de terminer ma phrase. Mia écrase ses lèvres contre les miennes, et je reste un instant stupéfait, ne sachant quoi faire. J'ai l'impression qu'un millier de picotements envahissent ma bouche à ce contact, et je réponds à ce baiser comme s'il s'agissait de la dernière bouffée d'oxygène présente sur cette terre. Je glisse une main dans son dos pour la rapprocher de moi, mais Mia recule d'un coup en lâchant un gémissement plaintif. Je la rattrape juste avant qu'elle chute au sol.

— Merde ! Je suis désolé, je… J'ai oublié. Est-ce que ça va ? Je t'ai fait mal ?

Elle hoche la tête pour me dire que tout va bien en se tenant la hanche, les yeux fermés, et je la guide jusqu'au canapé pour lui permettre de s'y allonger.

— Pourquoi tu ne m'as pas dit que ça te faisait mal ? murmuré-je en replaçant une mèche de cheveux derrière son oreille.

Mia lâche un petit rire.

— Quand est-ce que j'aurais pu ?

Je me passe une main sur le visage, avant de planter mon regard dans le sien. Je pensais que tout allait s'améliorer. Je pensais que Hayden apprendrait pour nous et finirait par l'accepter en nous voyant, et voilà que tout a dérapé et que notre relation a volé en éclats. Je regrette sincèrement que les choses aient tourné de cette façon.

— Il faut qu'on mette tout à plat, Mia.

— Je sais… Et je suis désolée si je t'ai blessé. Quant à ce qui s'est passé avec Michael, j'ai paniqué car la situation était un peu délicate…

Je hoche la tête, la gorge nouée. Tout me paraît tellement… étrange. Comme si nous marchions sur des œufs.

— J'ai besoin de savoir, Mia. Est-ce que tu penses être capable de me pardonner mes mensonges et ce mariage surprise ? Ou est-ce que tu comptes mettre fin à ce qu'il y a entre nous ?

J'ai peur de sa réponse, peur de finir le cœur brisé après tout ce que nous avons vécu ensemble. Mia réfléchit un instant, comme si ce n'était pas aussi simple que de dire oui ou non, et je ne quitte pas son visage des yeux.

— Je veux qu'on divorce au plus vite, déclare-t-elle finalement.

Mes épaules s'affaissent, et je tente de garder la face malgré la douleur que je ressens. Sa décision est prise. Je baisse la tête en inspirant doucement pour tenter de contrôler mes émotions, et je souffle un simple « OK », incapable d'en dire plus. Si c'est ce qu'elle veut, les papiers seront faits dans la semaine.

Mia pose la main sur ma joue, et je tente de garder la face.

— Je veux qu'on mette ça derrière nous. Tu as raison, ça ne sert à rien de se disputer. J'ai juste besoin de prendre du recul. Laisse-moi guérir, réfléchir, et on verra pour la suite. Je vais engager quelqu'un pour m'aider, et on va prendre du temps chacun de son côté, c'est important.

Comme ça, tu pourras prendre ma relève au boulot pendant que je suis enfermée ici. OK ?

Je hoche la tête, même si je ne suis pas convaincu par ses arguments. J'ai peur que l'éloignement ne fasse qu'aggraver la situation.

Mais a-t-on vraiment le choix ?

Chapitre 25

Mia

Voilà presque deux semaines que je n'ai pas vu Max. J'ai évidemment eu de ses nouvelles, que ce soit pour le travail ou les papiers du divorce... Mais aucun contact physique, et, même si cela me manque, cette distance me fait aussi beaucoup de bien. Mon corps guérit doucement, les soins de la personne que j'ai engagée n'y étant pas pour rien, et je revis de pouvoir enfin me tenir assise. Je ne me réveille plus au milieu de la nuit en toussant et en me déchirant les côtes. Ma blessure à la hanche a cessé de lancer des pics de douleur aux moments les moins attendus.

Surtout, j'ai enfin pu penser, seule. Je n'ai vu personne d'autre ces derniers jours, pas même ma famille, et ce, par choix. J'ai pu prendre du temps pour moi comme je ne l'avais pas fait depuis des semaines, et réfléchir à ce qui m'a poussée à en vouloir à Max sans être perturbée par l'avis ou la présence de qui que ce soit. S'il a fait ce qu'il a fait, c'est uniquement parce que je ne voulais pas lui parler. Il n'avait pas plus prévu que moi que tout ceci déraperait... Ce serait injuste de ne pas lui pardonner alors que je lui cache moi-même une part de la vérité. Je ne peux pas penser qu'à ce que je ressens.

Et c'est pour cette raison que je voulais divorcer au plus vite, pour pouvoir enfin avancer. Mais, à présent que je suis face à ces documents officiels... ma main tremble, j'ai peur de signer. Pourtant, il le faut. Alors j'approche mon stylo du papier… Mais, avant que j'aie pu écrire quoi que ce soit, la sonnette de l'entrée retentit, et je relève vivement la tête. *Sauvée par le gong.*

Je me redresse et me dirige d'un pas – plus ou moins – rapide vers la porte, le cœur battant à tout rompre. Je sais exactement qui se trouve derrière le mur, et je suis aussi excitée à l'idée d'avoir de la compagnie que de les retrouver. Ma furie rousse s'approche pour me prendre en douceur dans ses bras de peur de me faire mal, et j'en profite pour humer cette odeur de barbe à papa qui caractérise si bien Avery. Autant de jours sans la voir… cela m'a paru bien trop long. J'observe ensuite Lexy, puis mon frère et ce couffin qu'il tient dans ses mains.

— Oh ! mon Dieu, elle est là.

Je m'approche d'eux en fixant le bébé, le cœur palpitant.

— Nous aussi, on est là, rétorque Hayden, moqueur.

— Vous, je peux vous voir quand je veux. Laissez-moi profiter de ma nièce !

Ils m'ont proposé de passer les voir avant, mais je n'ai pas encore eu le courage de reprendre la voiture, même si ce n'est qu'en tant que passagère, et ma belle-sœur ne préférait pas balader le bébé pendant les premiers jours. Alors j'ai pris mon mal en patience, attendant de rencontrer cette merveille pour la première fois. Et, bon sang, elle est encore plus belle en vrai.

Lexy dépose sa veste sur mon portemanteau alors que Hayden place le couffin sur le canapé. Je m'approche de la petite tête d'ange en souriant. Ses yeux sont bleus pour le moment, mais cela changera sûrement avec l'âge, et ses tout petits cheveux sont déjà d'un roux très clair, comme ceux de sa sœur et de sa mère. Elle a un tout petit nez adorable, et je craque complètement sur ses lèvres pincées.

— Qu'est-ce qu'elle est belle.

— T'as vu ça, lance Avery tout près de moi.

Je tourne la tête vers elle en souriant, peu surprise de la trouver à côté de moi. Je suis certaine qu'Avery sera une super grande sœur, je le vois déjà au regard qu'elle pose sur le bébé. Elle l'aime de tout son cœur, et je trouve ça beau à voir.

— Et le prénom, alors ? demandé-je en me redressant pour observer mon frère.

Je n'en peux plus d'attendre. Je sais qu'ils voulaient faire une fête pour l'annoncer à tout le monde, mais ça a été un peu compromis au vu des derniers événements. Lexy observe Hayden d'un regard brillant, et celui-ci lui vole un baiser avant de lui faire un signe de tête pour l'encourager à me répondre.

— On l'a appelée Zélie.

Je hausse un sourcil, surprise par ce nom peu commun, puis j'observe ma nièce.

— Zélie... Je trouve que ça te va bien.

Je glisse un doigt dans sa petite main, et elle le serre par réflexe, ce qui m'arrache un sourire. J'avais besoin de ce rayon de soleil dans ma vie. Je la sors de son couffin pour la prendre dans mes bras, et je me pose sur le canapé en face de Hayden et Lexy alors qu'Avery est déjà partie dessiner dans un coin. Ma famille est mon bien le plus précieux.

— Je m'attendais à trouver Max ici, déclare Hayden.

— Laisse-la tranquille ! lance Lexy.

Je pousse un soupir sans quitter des yeux le petit ange. Je savais que la question allait finir par arriver.

— Je n'ai pas vu Max depuis presque deux semaines.

Je berce ma nièce lorsqu'elle se met à gigoter, et je sens que les deux parents m'observent attentivement. Je suppose que Max non plus ne leur a rien dit. Et, même s'ils ne doivent pas comprendre la raison de notre éloignement, je ne compte pas leur expliquer. Ce qui nous a coûté par le passé, c'est de voir nos proches se mêler de

203

notre histoire. Alors il n'est plus question de les laisser créer un obstacle supplémentaire.

— Il n'y a rien à dire, affirmé-je avant que leurs questions arrivent. On prend un peu de temps pour nous, et cette fois personne ne s'interposera.

Je leur jette un regard sans appel. Lexy était pour, Hayden, contre... Mais en réalité ils n'ont rien à m'imposer. Aussi, je suis soulagée de les voir accepter ma décision.

— On ne dira rien, je te le promets. Pour le moment, on voulait surtout que tu voies Zélie.

Et je dois avouer que c'est ce dont j'avais besoin. Une parenthèse, un petit moment de bonheur. Je les envie d'avoir créé cette famille si parfaite.

— Comment se passe le retour à la maison ? Les nuits ne sont pas trop difficiles ? demandé-je dans un souffle.

— J'ai déjà dû gérer avec Avery, et on ne peut pas dire que j'aie eu beaucoup d'aide. Donc ça va. En revanche, Hayden...

Elle rit alors qu'il lève les yeux au ciel.

— Je l'admets, j'ai un peu de mal à me réveiller. Mais je m'améliore ! Et Avery non plus ne se réveille pas quand Zélie pleure !

— Sauf qu'Avery n'a pas à changer de couche ou à donner de biberon, rétorque Lexy, moqueuse.

— Attends qu'elle grandisse un peu, et elle pourra le faire avec le bébé suivant ! dis-je à mon tour.

Hayden me sourit alors que Lexy me jette un regard noir, et je me mords la lèvre en me rendant compte de la connerie que je viens de sortir.

— Deux, c'est déjà bien pour le moment.

— Il n'y a pas un dicton qui dit « jamais deux sans trois » ? glisse Hayden.

— Moi, je connais surtout le dicton qui dit que c'est toi qui vas te lever pour Zélie tous les jours de la semaine à venir si tu continues sur ce terrain-là.

Mon frère rit avant de voler un baiser à sa femme, et je souris bêtement en les observant. J'ai toujours rêvé de ça. Tomber amoureuse, me marier, avoir des enfants. C'est un schéma tellement classique... Je n'avais jamais songé à l'éventualité que je pourrais en être privée. Et, quand je vois le désastre qu'est ma vie aujourd'hui, je réalise que je suis bien loin de mes rêves. Mais au moins j'ai Max... et je n'ai aucune envie de le perdre.

— Tu pleures, tata ?

Je relève vivement la tête vers Avery, aussi surprise par mes larmes que par ses mots.

— Comment tu m'as appelée ?

Je la vois rougir.

— Papa et maman ont dit que j'avais le droit de t'appeler comme je voulais, puisque Zélie va t'appeler comme ça. Mais si ça te dérange...

Je dépose un baiser sur son front pour la faire taire.

— Non. Ne change rien.

Elle retrouve son sourire avant de tendre une feuille à Hayden, et il sourit face à ce dessin qui représente leur famille. Je plonge mon regard dans celui de Zélie, et j'ai l'impression de me sentir apaisée. J'ai envie de reconstruire ma vie. Je veux avancer, être heureuse, et je sais que pour ça il faut que je parle à Max. Parce que je n'imagine pas de lendemain sans lui.

Chapitre 26

Max

Je finis cul sec ma bière, l'esprit ailleurs. Ma semaine m'a rincé. Je ne sais pas comment Mia a réussi à gérer seule tout ce temps en tant que P-DG, je crois que je n'aurais jamais tenu, à sa place. Entre les employés qui ont besoin d'aide, les rendez-vous à gérer, les déplacements... j'en ai parfois oublié de manger. Et, sans Mia pour rythmer mon quotidien, je n'avais pas vraiment de raison de rentrer, et encore moins de m'accorder du temps pour moi.

C'est pour ça que j'ai proposé à Jake de sortir. J'avais besoin de distraction, et mon vieil ami ne refuse jamais une soirée. Je lance une fléchette en plein dans la cible, malgré le fort taux d'alcool dans mon sang, tandis que Jake revient vers moi avec deux pintes, un large sourire aux lèvres. À croire qu'il veut que je termine sur les rotules.

— Cadeau de la maison, la serveuse nous les offre !

— Tu veux dire que la serveuse *te* les offre ? rétorqué-je avec un clin d'œil.

Il sort le ticket de caisse sur lequel un numéro de téléphone est écrit et je ris de bon cœur. Je ne devrais même pas être surpris.

— Si tu faisais un effort, tu pourrais aussi choper des numéros !

— Oh ! mais c'est déjà fait, déclaré-je en désignant le coin de la table où se trouvent un bout de papier et une serviette, tous les deux annotés.

— Et avec qui tu vas rentrer ce soir ?

Je lève les yeux au ciel.

— Personne, et tu le sais.

— Je tente, sait-on jamais.

Jake me sourit avec cet air de défi qu'il arbore toujours, tout en buvant une partie de sa bière. J'ignore sa tentative pour me faire prendre le même chemin que lui. Nous avons passé la soirée à jouer et à rire entre vieux copains, mais je compte bien rentrer après ça, contrairement à lui. Ce n'est pas parce que cette pause avec Mia me semble interminable que je vais m'amuser à faire ce genre de conneries.

— Une dernière partie avant que tu rentres dans ta garçonnière ? proposé-je en désignant le billard américain.

— Allez. Une dernière victoire pour la route.

Jake constitue le triangle sur le tapis rouge, et je le casse en rentrant une pleine dès le premier coup, encore plutôt habile malgré l'alcool. Je rentre ensuite deux boules d'affilée avant de laisser la place à Jake, et je sirote ma pinte en l'observant jouer, presque certain de gagner contre lui.

— N'empêche, j'admire ta vie, déclare Jake en tapant la blanche pour faire rentrer une rayée.

— Pourquoi ?

Je tourne autour du billard à mesure qu'il se déplace vers moi. Je dois avouer que je ne vois pas ce qu'il y a à admirer dans ma vie, d'autant plus ces derniers temps, qui me paraissent bien flous.

— T'as un quotidien bien rangé. C'est cool, ça évite des problèmes.

— Je n'ai pas l'impression d'avoir évité les problèmes. Si tu arrêtais de sauter tout ce qui bouge et de passer ton temps à changer de taf, tu aurais un style de vie bien rangé aussi, dis-je en l'observant rater son coup.

— Difficile. Je suis un vrai électron libre, déclare Jake.

Je ne peux pas m'empêcher de sourire. C'est typiquement le genre de trucs que Jake sortait à la fac pour justifier le fait qu'il avait la flemme de travailler. Selon lui, il n'était pas fait pour cette société dirigée par des savoirs restreints, soit des connaissances apprises dans les livres, il préférait être inspiré par la vie et apprendre de tout ce qui lui arrivait. Et visiblement ça n'a toujours pas changé.

— Tu sais, même les électrons libres peuvent parvenir à une vie stable si c'est ce qu'ils veulent vraiment.

Il semble réfléchir un instant, le regard fixé sur la bille qu'il vise.

— Ouais, en fait, je t'envie, mais je m'estime encore trop jeune pour m'embêter avec tout ça. Eh merde, déclare-t-il lorsque la bille blanche rebondit vers la noire.

Il observe cette boule qui n'est à rentrer qu'en dernier foncer droit dans le trou, et je ris. Au billard, les règles sont assez simples : si tu rentres la noire avant d'avoir rentré toutes les autres, tu as perdu. Jake pensait gagner, mais il n'a jamais su jouer. Encore moins lorsqu'il a trop bu.

— Je crois que c'est la fin de la partie.

Il dépose la queue de billard sur l'étagère au mur, puis se tourne vers moi, tentant de prendre un air paternaliste qui ne convainc personne.

— T'es trop bourré pour prendre ta voiture, je t'appelle un taxi ?

J'éclate de rire.

— Jake, je crois que c'est toi qui es trop bourré. On est venus en taxi pour éviter ce problème. Et ne t'inquiète pas pour moi, je me débrouille.

— Ah. Ouais. Bon, bah, moi, je vais rentrer avec…

Il jette un œil autour de lui.

— … celle qui se portera volontaire.

— Amuse-toi bien.

— Compte sur moi !

Il recule en moonwalk, haussant les sourcils d'un air suggestif, et j'éclate de rire lorsqu'il manque de se ramasser. Une des filles assises un peu plus loin se précipite pour l'aider, et Jake en profite pour engager la conversation.

Même comme ça, il arrive à draguer… J'ai l'impression de me retrouver à la fac. Je lui ressemblais beaucoup à l'époque. Cela me paraît bien loin.

Je sors du bar, et j'inspire profondément l'air frais de la soirée. Je commençais à avoir trop chaud à l'intérieur, sûrement à cause de mes trop nombreuses pintes. Il était temps de rentrer, mais je dois avouer que j'avais besoin d'une soirée de ce genre. Il fallait que je me détende, que je pense à autre chose que Mia et son silence. Même si c'est dur de ne pas être fixé sur notre situation, ça me fait du bien de pouvoir réfléchir seul, de passer un peu de temps avec d'autres gens.

Je prends la direction de mon appartement à pied, et j'en profite pour consulter mon téléphone. Un message de Hayden m'attend pour me signifier que je peux passer chez eux si l'envie m'en prend. Je réponds rapidement que je verrai lorsque j'aurai le temps. Je préfère attendre que la situation se règle avec Mia. Je n'ai aucune envie de me disputer à nouveau avec mon meilleur ami à ce sujet.

En revanche, toujours aucun message de Mia. Je n'ose pas lui écrire, attendant indéfiniment qu'elle se sente prête.

Une fois au pied de mon immeuble, je rejoins l'ascenseur en me frottant les yeux, fatigué par la journée et les effets de l'alcool. Je n'ai plus l'habitude de boire autant. La montée jusqu'à mon appartement me semble interminable, et, lorsque la porte s'ouvre, je comprends mieux pourquoi Jake me pense complètement soûl.

— Je crois que je vais boire plus souvent.

Je m'avance jusqu'à la silhouette de Mia, bien trop satisfait de cet effet secondaire. Lorsque je pose mes mains sur ses joues, elle semble étrangement réelle. Son sourire aussi paraît vrai. Si j'avais su que boire me ferait cet effet, j'aurais commencé bien plus tôt. Je dépose mes lèvres sur les siennes, avec l'envie de combler le manque de cette semaine, et Mia répond à mon baiser avant de me repousser en riant.

— T'es bourré, c'est ça ?
— Ouais. Sinon, je ne te verrais pas.

Elle me pince le bras, et je fixe la trace de ses ongles en clignant des yeux, attendant qu'elle disparaisse.

— Ça, ça semble très réel.

Son rire résonne à nouveau dans la pièce.

— Peut-être parce que ça l'est ?

Je lève le nez, un peu perplexe. Soit mon cerveau me joue des tours dignes de ceux d'un magicien, soit elle est vraiment présente, chez moi, ce qui est encore plus surprenant. Je repose mes mains sur elle, palpant ses hanches puis ses fesses, et elle rit de plus belle. Tout ça est bien trop étrange.

— Arrête d'en profiter !
— Qu'est-ce que tu fais ici ? demandé-je du bout des lèvres.

Mia soupire en remettant en place l'une de mes mèches bouclées, retrouvant son air sérieux. Je n'arrive pas à comprendre comment elle a pu m'en vouloir au point de sortir de mon quotidien. Et, après presque deux semaines de silence, la voilà chez moi, l'air détendu.

— J'avais dans l'idée de discuter avec toi. Mais je crois que je tombe assez mal…

Je souris comme un idiot en l'observant.

Alors elle accepte enfin de parler avec moi ? Je crois que cette soirée ne pouvait pas mieux se terminer.

— Je suis content que tu sois là, déclaré-je très sérieusement.

Mia me sourit à nouveau, avant de tirer sur ma chemise bleue pour me traîner en direction de ma chambre. Je la suis, tout guilleret.

— Tu ne veux pas qu'on papote un peu avant ? proposé-je en me rapprochant d'elle.

— Avant quoi ? Avant que tu ailles dormir ? On discutera quand tu seras sobre.

Elle me pousse sur mon lit, et je hausse les sourcils.

Je suis en pleine forme. Je peux parfaitement tenir une conversation. Enfin… Dès lors que Mia m'a retiré mon haut, je sens mes paupières se fermer, jusqu'à sombrer complètement dans les bras de Morphée. Je m'endors avec le seul espoir que Mia ne soit pas une invention de mon esprit alcoolisé.

Chapitre 27

Max

Je grogne en me retournant sur mon matelas, avec un mal de crâne lancinant. Je jette une œillade à mon portable pour découvrir qu'il n'est que 5 heures du matin, et je ferme à nouveau les yeux avec l'envie de me rendormir. La nuit a été beaucoup trop courte. Pourtant, sitôt plongé dans le noir, je revois une image de Mia dans mon salon, et je me redresse brusquement, à présent pleinement réveillé.

Mon regard est attiré par un trait de lumière sous ma porte. Je me lève, torse nu mais toujours vêtu de mon pantalon de la veille. Je me dirige vers la salle de bains allumée d'un pas discret. Lorsque je pousse la porte, Mia se trouve bien là, en simple brassière et jogging devant mon miroir. Elle est en train de nettoyer sa plaie. Je reste un moment à l'observer sans trop savoir quoi faire avant de me décider à me rapprocher. J'ai besoin de son contact.

Je me place dans son dos et pose les mains sur ses hanches, ce qui la fait instantanément sursauter. Lorsque le regard de Mia croise le mien, elle attrape aussitôt son haut pour dissimuler sa blessure. Je déteste la voir se cacher de moi, alors je fronce les sourcils avant de déposer les lèvres sur sa nuque.

— Montre-moi, murmuré-je.
— Il n'y a rien à voir, rétorque Mia.

Je la retourne en douceur avant de glisser mes mains sous ses cuisses pour l'asseoir sur la vasque. Elle se laisse faire, le regard brûlant, et je glisse mes doigts sous sa brassière après avoir éloigné le tissu de sa blessure. Je veux qu'elle sache à quel point elle est désirable. Je lui retire en douceur. Après qu'elle m'a donné l'autorisation, je viens embrasser son décolleté avant de descendre jusqu'à son ventre, lui arrachant une volée de frissons.

— Je te trouve belle, Mia. Et ça ne changera jamais, que tu sois blessée, brûlée, ou toute ridée. Tout mon être désire le tien. Si tu en doutes, porte plus d'attention à la façon dont je te regarde, susurré-je contre sa peau.

Je lève la tête pour mieux observer ses yeux couleur whisky. Je veux qu'elle comprenne à quel point je l'aime. Soudain, j'aperçois une larme rouler le long de sa joue, et, avant que j'aie pu la cueillir de mon pouce, Mia rompt la distance entre nous pour m'embrasser. J'enroule aussitôt ma langue autour de la sienne en mettant dans ce geste tous les sentiments que j'ai pour elle. Mia m'a manqué, j'ai besoin d'elle, bien plus qu'elle ne l'imagine. Je la rapproche du bord du meuble pour la coller un peu plus contre moi et mon érection indéniable. Malgré tout, je tente de rester sage tant que je ne suis pas sûr qu'elle veut aller plus loin.

— Dis-moi que tu en as envie, chuchoté-je contre sa peau.

Mia ferme les yeux, et j'ai peur qu'elle me repousse encore. Je crois que mon cœur ne supportera pas de la voir partir une énième fois.

— J'en meurs d'envie, je t'assure, murmure Mia. Mais je ne peux pas faire de mouvements brusques…

Elle désigne sa blessure, et je ferme les yeux un instant. Je suis trop con, évidemment, qu'on ne peut pas. Mais, lorsque je rouvre les yeux et que je vois qu'elle est aussi frustrée que moi, je n'ai aucune envie de la priver de ce plaisir. On va tout faire pour éviter les mouvements brusques.

Je dépose à nouveau mes lèvres sur les siennes avant de l'inciter à enrouler ses jambes autour de ma taille. Une fois qu'elle est stabilisée, je la porte jusqu'au salon pour la déposer sur mon canapé en ignorant les frottements qu'elle crée contre mon entrejambe.

— On n'est pas obligés d'aller au bout…, dis-je pour répondre à son regard perplexe.

Je lui vole un baiser avant d'ouvrir le placard de mon meuble télé pour en sortir cette boîte que j'ai gardée précieusement toutes ces années. J'avais bon espoir que Mia reviendrait vers moi, et j'avais hâte de le réutiliser.

— J'ai ramené ce que tu m'as laissé en France, annoncé-je alors que son regard s'enflamme.

Elle sait parfaitement de quoi je parle, et je suis persuadé qu'une douce chaleur se répand déjà entre ses jambes. Je sors le vibromasseur *rabbit* de la boîte, et Mia écarte les jambes pour m'inviter à me placer au-dessus d'elle.

— Si j'avais su que tu les avais ici, je serais venue les récupérer plus tôt, me dit-elle d'une voix éraillée.

— Je préfère être témoin de vos retrouvailles…

J'active le sex-toy tout en grimpant sur le canapé, et je le fais glisser contre le tissu de son jogging. Mia gémit lorsque j'approche de la zone la plus sensible de son corps, et je souris en frôlant sa bouche de la mienne. Je veux qu'elle ressente chaque vibration comme une douce torture, l'emmener au bord du gouffre jusqu'à ce qu'elle n'arrive plus à marcher tant ses jambes tremblent.

— C'est assez doux pour toi ? susurré-je.
— Oui. Alors ne me fais pas languir.

Je souris en posant le jouet violet sur son ventre, près de son nombril, et je passe une main sous sa culotte pour venir pincer cette boule de chair si sensible. Mia ferme les yeux en aspirant sa lèvre inférieure, et je ne tarde pas à la débarrasser de son jogging et sa brassière. Je veux la voir perdre pied. Lorsqu'elle se retrouve enfin nue contre moi, je prends une seconde pour observer son corps. J'aime la tache de naissance qui habille l'un de ses seins, la forme de son ventre... Je crois que je n'ai jamais autant désiré une femme, et je veux qu'elle sente tout ça.

J'ignore mon érection de plus en plus douloureuse pour me concentrer sur son plaisir. Je récupère le vibromasseur pour l'approcher de sa fente humide et le lubrifier. Mia se mord le poignet lorsque je frôle son clitoris avec le jouet, et je viens faire rouler son téton gauche entre mon pouce et mon index pour la faire réagir un peu plus. Elle lâche un gémissement qui vient me tendre davantage et sa main passe dans mon dos pour griffer ma peau. Je sens chacun de ses muscles se crisper lorsque je fais doucement pénétrer la queue du *rabbit* en elle. Mia soulève son bassin pour l'enfoncer plus profondément. Je la plaque contre le canapé avant de descendre entre ses cuisses pour les embrasser sous son regard brûlant.

— Un peu de patience, *Miamor*.

— Tu sais très bien que je ne sais pas faire ça, dit-elle, haletante.

Je ris sous cape avant de tourner le jouet pour libérer son clitoris, et j'approche ma bouche de cette boule de chair pour la suçoter. Je crois que c'est ce que je préfère : voir Mia perdre pied au simple contact de ma langue. Je remue le vibro en parallèle et Mia glisse ses mains dans mes boucles pour m'inciter à aller plus loin. Hors de question de lui donner ce qu'elle veut dès maintenant, je remonte jusqu'à sa bouche pour l'embrasser tout en me maintenant sur mes coudes. Mia en profite pour attraper mon érection à l'intérieur de mon caleçon, et je coupe le vibromasseur pour l'arrêter, lui tirant un soupir plaintif.

— Qu'est-ce que tu fais...

— Ton plaisir d'abord. La suite après.

Mia me défie un instant, et je rallume le sex-toy pour la faire céder. Elle baisse vite les bras en ondulant des hanches. Je sens mes doigts se lubrifier en s'approchant de cette zone humide, et je prends un plaisir immense à voir son visage marqué par le plaisir à mesure que je la taquine. Lorsqu'elle jouit, je la sens s'abandonner, ses jambes écartées frissonnent, et elle m'embrasse brusquement pour taire les sons qui s'échappent de sa bouche. Elle me repousse sans rompre notre contact pour me faire basculer en arrière, puis grimpe sur moi en me débarrassant de mon pantalon.

— Laisse-toi faire, m'ordonne-t-elle avant que j'aie pu dire quoi que ce soit.

Je laisse tomber le jouet et m'offre tout entier à elle. Mia libère mon membre tendu à l'extrême et le prend en bouche. Aussitôt, je me laisse aller en arrière, à sa merci. Sa langue caresse mon gland avant de venir titiller mon frein, et je grogne sans pouvoir me contrôler. Mia embrasse mon pénis avant de l'enfoncer plus loin encore. Elle commence un mouvement de va-et-vient qui me fait perdre pied, je n'ai pas le temps de reprendre mon souffle que je me libère dans sa bouche, certain que je ne pourrai jamais me lasser du sexe avec Mia.

Je caresse paresseusement son épaule. Elle est allongée contre moi, le corps recouvert d'un plaid. Je n'ai aucune envie de bouger. J'ai refait son pansement, et depuis nous restons blottis dans les bras l'un de l'autre, entourés d'un silence paisible. J'ai du mal à réaliser que je la tiens contre moi. Pas plus tard qu'hier soir, je me demandais quand j'aurais de ses nouvelles, et voilà où nous en sommes à présent…

— Je suis bien, dans notre bulle, murmure Mia.

— Pourtant, il faudra en sortir à un moment. Je dois partir tôt pour bosser, annoncé-je sans grande motivation.

— Le boulot me manque.

Je souris, amusé. Ça ne m'étonne pas d'elle. Je m'attendais d'ailleurs à devoir la virer des bureaux à un moment donné, mais elle n'a pas tenté de revenir. Je suppose que le froid entre nous l'a aidée à rester à bonne distance de l'entreprise.

— Encore une semaine de repos et tu seras de retour, dis-je pour la consoler.

— C'est trop long.

Elle pose son menton contre mon pectoral en souriant, et je sens mon cœur battre trop vite. Je la trouve belle. Son sourire me réchauffe le cœur. Pourtant, je ne peux pas lui dire, pas encore. Je ne veux pas m'aventurer sur ce terrain-là tant que je ne suis pas certain que Mia veut la même chose que moi.

— Tu voulais qu'on discute, non ?

Je la sens se tendre à ces mots, et elle tourne la tête pour ne plus avoir à me regarder dans les yeux. J'ai peur qu'elle se braque, mais après de longues secondes de silence je la sens soupirer contre ma peau. *S'il te plaît, Mia, fais-moi confiance.*

— J'ai déclaré du diabète de type 1 il y a quelques années, finit-elle par avouer en jouant avec mes doigts.

Je sens mon cœur manquer un battement. J'ai du mal à encaisser ses mots. Comment est-ce que j'ai pu ne pas le voir ? J'aurais pu comprendre bien avant.

— Je suis désolé pour toi, Mia, mais, si c'est pour ça que tu m'as quitté, j'avoue que je ne comprends pas bien…

Elle secoue la tête pour me signifier que non, et une larme s'échappe de ses yeux. Je fronce les sourcils en passant une main sur sa joue, de plus en plus stressé à l'idée de ce qu'elle veut me dire.

— On s'en fiche, que je sois malade, dit-elle d'une voix faiblarde. On est environ trente millions à vivre avec, ce n'est pas le plus grave. Mais j'ai développé une anomalie ovulatoire à cause de la maladie, et ça, ça ne se soignera jamais…

Je ferme les yeux en comprenant où elle veut en venir. Alors le problème est là. C'est pour ça qu'elle ne voulait pas qu'il y ait davantage entre nous. Je ne peux imaginer ce qu'elle doit ressentir. Aussi loin que je me souvienne, Mia a toujours aimé les enfants... Et, quand elle parlait de son futur, c'était constamment en abordant cette possibilité.

— Je ne veux pas imposer ma situation à quelqu'un, ajoute-t-elle en essuyant ses joues.

Je la soulève délicatement, de peur de lui faire mal, et l'installe à califourchon sur mes genoux pour l'observer droit dans les yeux. Je veux qu'elle lise très clairement ma sincérité. Je crois qu'elle ne comprend pas que la seule raison pour laquelle cette situation me touche, c'est que cela la touche, elle.

— Il va falloir que tu apprennes à partager ta douleur un jour...

Je replace ses cheveux derrière son oreille. Son regard reflète toute la détresse qu'elle ressent.

— Je m'en fiche, Mia. Tu pourrais m'annoncer n'importe quoi que je m'en ficherais. On a toujours pris les choses comme elles venaient, et on peut continuer à le faire en étant ensemble. On verra de quoi demain sera fait, *ensemble*. Je t'aime, toi. Comme tu es.

— Tu l'as vraiment dit, à l'hôpital, n'est-ce pas ? demande-t-elle du bout des lèvres.

Je hausse les sourcils en lui souriant. Elle l'a donc entendu... Je pensais qu'elle m'en aurait reparlé plus tôt.

— Oui, *Miamor*. Je l'ai dit, et je le pense.

— Alors ma situation ne te pose aucun problème ? Si tu as des questions, ou si quelque chose ne te convient pas... je préfère le savoir.

Je suis certain que, si je pouvais entendre son cœur, je découvrirais que celui-ci bat la chamade. La seule interrogation que j'ai n'est certainement pas celle à laquelle elle s'attend.

— Pourquoi avoir changé d'avis ?
— Quoi... ?

— Pourquoi m'avoir laissé une chance ? Ta situation n'a pas changé. Je veux comprendre ce qui s'est passé pour que tu veuilles commencer une relation sérieuse avec moi.

J'ai besoin de savoir, justement parce que je l'aime sincèrement. Je ne veux pas qu'elle se lève un matin avec le regret de m'avoir laissé cette chance, je ne supporterais pas qu'elle me brise le cœur. Mia ferme les yeux un instant, et j'observe son visage sans trop savoir ce qu'elle pense.

— Je ne voulais pas t'imposer ma situation, et j'avais peur de tomber amoureuse et de regretter de ne pas pouvoir fonder une famille. Je me suis rendu compte qu'en faisant ça je regretterais aussi de ne pas te laisser une chance.

Lorsqu'elle pose à nouveau son regard sur moi, j'y vois toute la peur qu'elle ressent. Mia n'est pas de celles qui aiment se confier, je sais combien ça lui coûte de s'ouvrir à moi, surtout sur un sujet qu'elle a tu durant si longtemps. J'aimerais qu'elle voie notre relation avec mes yeux.

— Mia, tu ne m'imposes pas ta situation, c'est moi qui choisis de la partager avec toi. Et je sais qu'on n'a jamais parlé d'enfant, mais...

— Tu ne veux pas d'enfant, c'est ça ?

Un rire nerveux m'échappe alors que Mia garde un air sérieux. Bon sang, est-ce qu'un jour elle arrêtera de se faire des films ?

— Tu veux bien te taire et écouter ?

Elle fait mine de verrouiller sa bouche et de jeter la clé.

— En effet, on n'a jamais parlé d'enfant, tout simplement parce qu'on ne s'est jamais projetés. Et je sais que j'aimerais en avoir, un jour.

Mia entrouvre la bouche et je plaque ma main sur celle-ci pour l'empêcher de parler. Pas question de la laisser paniquer.

— Et ce que je sais aussi, c'est que je veux tout ça avec toi. Avoir des enfants, ça ne veut pas dire que tu dois les porter. On a la chance de vivre dans un pays où beaucoup de solutions s'offrent à nous.

Je laisse tomber ma main pour libérer sa bouche. La détresse présente dans son regard est peu à peu remplacée par du soulagement.

Mia passe ses doigts sur ma nuque et pose son front contre le mien. Son parfum remonte jusqu'à mes narines, et je m'imprègne de ces arômes de vanille qui ont longtemps hanté mes nuits.

— Tu serais prêt à faire ça pour moi ? demande-t-elle d'une voix chevrotante.

— Pour nous, Mia. C'est même une idée qui me plaît. Donner une chance à un enfant qui a eu un mauvais départ dans la vie.

Et je pense chacun de mes mots. Mia se mord la lèvre tout en caressant ma peau.

— Je suis tellement désolée de ne pas te l'avoir dit avant, murmure Mia avec hésitation. Désolée de t'en avoir voulu. Désolée d'avoir eu peur.

Elle ferme les yeux, respire rapidement. Elle doit comprendre que ce n'est pas grave de se tromper, tant qu'on communique.

— Tu sais, être avec quelqu'un, ça ne veut pas dire emprunter seulement les chemins tranquilles. On a tous les deux fait des erreurs, ça nous apprendra à ne pas les reproduire.

Lorsqu'elle rouvre les yeux, je la sens enfin paisible, et mon cœur se calme. Ma plus grande peur est de la voir quitter ma vie du jour au lendemain, parce qu'elle est devenue mon indispensable. Et je ferais n'importe quoi pour être sûr de la garder à mes côtés jusqu'au bout.

— Il me reste une chose à faire.

— Laquelle ? Divorcer ?

Je lâche un rire rauque.

— Non, j'ai signé les papiers, Mia. C'est toi qui ne me les as pas renvoyés.

Elle rougit, et je me retiens de me moquer. Ça n'a pas été facile à faire, surtout parce que je pensais que cela sonnerait la fin de notre relation. Je ne peux donc que comprendre son temps de réflexion. Je lui caresse la joue pour la rassurer, et Mia laisse ses mains dériver sur mon torse.

— Il faut que j'aille parler à ton frère, déclaré-je. Je pense que je lui dois des excuses.

Mia se redresse vivement, mécontente, et je lève les yeux au ciel. Son impulsivité ne la quittera jamais.

— Tu veux t'excuser d'être avec moi ? Est-ce que tu plaisantes, là ?

Je secoue la tête en riant, ce qui ne fait que l'énerver encore plus.

— Je veux m'excuser d'être tombé amoureux de toi dans son dos. J'aurais juste dû me montrer honnête avec lui par respect. Je ne m'excuserai jamais de ce que je ressens, simplement de mon silence.

Son corps se détend presque immédiatement. Je veux faire les choses bien, et cela veut dire que je dois en parler avec mon meilleur ami. Il n'est pas question de laisser une seule zone d'ombre dans notre relation, parce que nous avons enfin une vraie chance de construire quelque chose, Mia et moi.

Tout rentre dans l'ordre.

Chapitre 28

Max

J'inspire profondément avant de passer le portail de la maison. Il m'a fallu une bonne dose de courage pour m'y rendre. Ça ne vient pas d'un manque d'envie, loin de là. J'ai simplement peur que Hayden n'accepte pas la situation et que je finisse par perdre mon meilleur ami. Je tiens à lui comme on tient à un frère, je l'ai toujours considéré comme tel et il n'est pas question qu'il m'oblige à choisir entre elle et lui.

Lorsque je sonne à la porte d'entrée, je ne suis pas surpris de découvrir Hayden, sa fille dans les bras. J'observe la petite en souriant. Elle est si… petite. J'aurais presque peur de la casser si je la tenais dans mes bras. Peut-être qu'un jour je vivrai ça aussi avec Mia. En attendant, je suis heureux pour mon ami. Les jolis yeux bleus de Zélie se baladent sur le visage de son papa, et je m'attendris en constatant qu'elle a déjà le même sourire que Hayden. *Mon meilleur ami a enfin tout ce qu'il désire.*

— Qu'est-ce que tu fais là ?
— J'ai prévenu Lexy, je voulais te parler.

Cette dernière arrive dans son dos, un sourire fatigué aux lèvres.

— Allez, donne-la-moi, vous avez des choses à vous dire.
— On avait convenu que tu devais te reposer…, lance Hayden.

— Et je peux très bien le faire avec Zélie. On va aller un peu dans le lit, on y sera très bien. Maintenant, arrête de te défiler.

Elle prend sa fille sans lui laisser le moindre choix, puis s'éloigne en direction de leur chambre. Mon meilleur ami soupire, puis me laisse entrer. Je le suis jusqu'à la salle à manger.

— Est-ce que tu as revu Mia ? demande-t-il subitement.

Je ne cache pas ma surprise. Non seulement parce que je ne m'attendais pas à ce qu'il aborde le sujet si vite, mais aussi parce que je ne pensais pas qu'il savait pour notre pause.

— Oui…

Hayden sort deux tasses et les remplit de café, tendu mais pas énervé.

— Bien.

— Bien ? répété-je bêtement.

Hayden prend cet air impassible qu'il emploie habituellement avec ses clients tout en buvant une longue gorgée de son café. Je n'arrive pas à comprendre son humeur.

— Mia semblait mal à cause de votre distance, alors si les choses sont OK entre vous, oui, je trouve ça bien.

— Tu acceptes que je sois avec elle ? Sans rien dire ?

— Non.

Je fronce les sourcils, de plus en plus perplexe. Face à mon air perturbé, Hayden pose sa tasse sur le plan de travail dans un bruit fort.

— Tu n'imagines pas comme je t'en ai voulu, déclare Hayden.

Je déglutis péniblement, parfaitement conscient que j'ai failli perdre mon meilleur ami. Je regrette sincèrement d'avoir dû choisir entre lui et la femme que j'aime.

— Est-ce que Mia t'a parlé ?

— Si tu fais référence à sa maladie, oui, je le sais.

— Ça n'a pas été facile pour elle, dit Hayden. Elle a beaucoup souffert psychologiquement quand elle l'a appris, et je me suis promis que, si je le pouvais, je ne la laisserais plus jamais souffrir autant.

— Tu es parti du principe que j'allais lui faire du mal ?

Il ne cache pas son air coupable. Mon cœur se serre en constatant que j'ai visé juste.

— Ça me fait mal de savoir que tu m'en penses capable, avoué-je.

— Tu ne comprends pas. Ce n'est pas toi. Plutôt la situation. Si tu lui avais fait du mal, j'aurais retrouvé ma sœur en pleurs, et j'aurais perdu mon meilleur ami. Toute cette relation est trop risquée.

— Tu le penses toujours ?

J'ai peur qu'il me dise que oui, qu'il ne l'acceptera jamais. C'est important pour moi que mon meilleur ami me donne son approbation, et je sais que Mia apprécierait que son frère nous soutienne. Je ne lui demande pas de changer de point de vue du jour au lendemain… Simplement de ne pas se mettre entre nous.

— Oui. Je ne veux pas que tout ceci tourne mal. Mais j'ai aussi découvert ma sœur dans un lit d'hôpital il y a peu, et ça m'a fait réaliser que la vie est trop courte. J'ai vu comment tu la regardes… Je sais que tu es sincère. Si on m'avait retiré Lexy, je ne l'aurais pas supporté. Alors je ne serai pas celui qui se mettra entre vous.

Je ne peux retenir un soupir de soulagement et prends mon visage entre mes mains. Putain. Les choses vont s'arranger. Je ne vais pas perdre la femme de ma vie, ni mon meilleur ami.

— Merci, Hayden. Vraiment.

— C'est sûrement égoïste, mais je suis parti du principe que, si tu étais avec Mia, plus rien ne serait comme avant entre nous, avoue-t-il.

J'ai rarement vu Hayden aussi… vulnérable. Et je m'en veux qu'il ait pu penser une chose pareille, on ne devrait pas douter de son meilleur ami.

— Ça ne change rien que je sois amoureux d'elle, Hayd. Mia reste ta sœur, et je serai toujours ton meilleur pote.

— J'ai fini par le comprendre, oui. Vous faites tous les deux partie de ma famille, et c'est tout ce qui compte pour moi.

— Alors tout va bien ?

Il lâche un rire rauque face à mon air ahuri. J'ai peur que ce ne soit qu'une illusion.

— Je n'ai aucune envie de vous voir ensemble, ça me semble trop… étrange. Mais je ne me mêlerai plus de votre relation.

Mes lèvres s'étirent dans un sourire sincère, je suis bien trop soulagé de savoir que le dernier obstacle qui se dressait entre nous vient de tomber. Pourtant, je fronce à nouveau les sourcils, ne comprenant pas d'où vient le mécontentement de Hayden dans ce cas.

— Qu'est ce qui te chagrine, si ce n'est pas Mia et moi ?

Il baisse la tête.

— Ça se voit tant que ça ?

— Ouais. Dis-moi.

— Je suis juste inquiet pour Lexy. J'ai l'impression qu'elle est épuisée…

— Et c'est normal, Hayd, elle vient d'accoucher. Elle a besoin d'un peu de temps. Offre-lui une journée de soins et épaule-la, c'est tout ce que tu peux faire.

Mon meilleur ami hoche la tête, et je ne doute pas un seul instant qu'ils y arriveront. Parce qu'il l'aime tellement qu'il fera tout pour la comprendre et l'aider.

C'est ça que je veux partager avec Mia. Une relation dans laquelle on se parle, dans laquelle on se comprend. Et, maintenant que plus rien ne s'oppose à notre histoire, je compte bien faire en sorte que nous avancions, ensemble.

Chapitre 29

Mia

Il ne me reste plus que quelques jours avant de reprendre le boulot. J'ai l'impression que cela a duré une éternité. Enfin, ce n'est rien de comparable à l'attente du retour de Max. Il doit arriver d'une minute à l'autre. Je n'ai eu aucun écho de son rendez-vous avec mon frère, et j'ai peur de ce que ce dernier pourrait lui avoir dit. Surtout parce que je ne suis pas prête à reprendre une relation cachée.

Je suis rentrée au loft pour l'attendre, et je continue de fixer les papiers du divorce sans savoir quoi faire. Je n'ai pas envie de les signer. Je veux être avec Max. Je veux que ce soit officiel. Je crois en nous.

Je pose le stylo d'un geste déterminé, sûre de mon choix au moment où Max entre dans l'appartement. Au sourire qu'il arbore, je sais que tout s'est bien passé.

— Pas de dispute ?

Il secoue la tête.

— Aucune objection de sa part ?

Il réitère son geste.

— Alors on a sa bénédiction ?

Cette fois, un rire lui échappe.

— N'en demande pas trop, Mia. Il ne s'y oppose pas, c'est déjà très bien.

Il s'approche de moi et me vole un baiser. Je profite de ce contact qui me détend en déposant mes mains sur son torse. Je sens son cœur battre la chamade tandis que ses lèvres expriment ses sentiments. Lorsqu'il s'écarte légèrement, les yeux brillants, je n'ai aucun doute sur ma décision. Même lorsqu'il lorgne les papiers non signés.

— Tu comptes faire attendre les avocats encore longtemps ?

— Plutôt, oui.

Il remarque tout de suite le sérieux de ma réponse, et ne comprend visiblement pas.

— Je veux rester mariée, Max. Je veux que ce soit réel entre nous, lui avoué-je.

Je m'attends à tout moment à ce qu'il me prenne dans ses bras, à ce qu'il me dise que lui aussi il veut tout ça. Après tout, c'est Max qui a fait en sorte que l'on reste mariés si longtemps. Pourtant, au lieu de ça, il me tend un stylo, et je le dévisage, perplexe.

— Signe les papiers, Mia.

— Quoi… ?

Ma voix se brise. Je ne comprends pas. Ce matin encore, je pensais que tout allait bien, et, maintenant que Hayden a accepté la situation, j'étais persuadée que tout n'irait qu'en s'améliorant. D'où vient ce retournement de situation ? Qu'ai-je raté ?

Max dépose le stylo sur les papiers, puis vient prendre mon visage en coupe, et je n'ose pas détourner les yeux, fébrile.

— Rester mariés n'est pas un problème. C'est même une idée tentante. Mais pas alors que tu n'as aucun souvenir de notre mariage, que ta robe a été achetée dans un magasin à Vegas, et que tu n'as pas dit « oui » par amour. Je veux qu'on se le dise pour de vrai, qu'on en garde un souvenir magique, et je veux t'offrir une nuit de noces digne de ce nom par la suite. Alors, Mia, je veux que tu signes ces papiers, parce que je veux pouvoir t'épouser à nouveau.

Il récupère le stylo pour le glisser entre mes doigts, et, avant que je comprenne ce que je fais réellement, ma signature est apposée sur tous les papiers. Lorsque je relève la tête, Max me sourit, et je reste muette, le cœur trop perturbé pour parler.

— Parle, Mia, ça va devenir gênant.
— Je... Oui.

C'est tout ce que j'arrive à sortir, et Max éclate de rire.

— Essaie quelque chose qui ait plus de sens.
— Oui, répété-je pourtant.

Il hausse les sourcils. À présent, c'est à lui d'être perdu. Alors je romps la distance entre nous et viens entrelacer nos doigts, la respiration saccadée.

— Je te dis oui à tout. Oui au divorce, oui au mariage, même si on fait tout à l'envers. Oui à tout ce que tu me proposeras.

— Même un saut en parachute ?

Un rire m'échappe et je roule des yeux.

— Max ! J'essaie d'être romantique et toi tu joues avec mes phobies !

— Je réfléchis aux activités de notre voyage de noces !

Mes joues me tirent à force de sourire. J'aime tout chez lui. Ses blagues idiotes, son rire sonore, sa gentillesse, ses petites attentions, ses baisers... J'ai failli passer à côté de l'amour de ma vie par peur. Ça aurait été ma plus grosse erreur.

Là, tout de suite, je crois que je suis prête à dépasser toutes mes plus grandes craintes. Tant que je serai aux côtés de Max, tout ira bien.

Épilogue

Max

— Max, je ne vais jamais y arriver !

Elle ferme les yeux de toutes ses forces alors que je la serre contre mon torse en souriant. Je savais que ça ne pouvait pas être si simple. Mia a accepté trop facilement, mais elle m'a semblé bien silencieuse durant toute l'ascension de notre avion. J'approche ma bouche de son oreille, et je la sens frissonner.

— Pourtant, il va falloir sauter le pas, *Miamor*.

— Et si je ne veux plus ?

— Alors tu ne veux plus de ton propre deal...

Je l'entends grommeler je ne sais quoi. Je n'ai pas besoin de voir son visage pour deviner qu'elle se pince les lèvres. Je lui avais proposé un saut en parachute pour l'embêter, je sais qu'elle a peur du vide... Mais elle a décrété que c'était une très bonne idée et qu'elle voulait faire ça avec moi, la veille de notre mariage. Donc, si elle ne se décide pas à se lancer, nous y serons encore au moment de la cérémonie !

— Et si ça se passait mal ?

— Mia, ce n'est pas la première fois que je fais ça. Ferme les yeux, inspire profondément, et quand tu es prête place-toi comme je t'ai expliqué.

Je l'entends inspirer profondément avant de s'exécuter, et mon cœur se gonfle de fierté. Elle n'hésite pas un seul instant à me faire confiance, et c'est sans doute le plus beau cadeau qu'elle ait pu me faire depuis que nous sommes officiellement ensemble. Elle amorce un pas en avant, mais je la retiens. Mia tourne la tête vers moi pour m'interroger du regard. Je reste muet de longues secondes, contemplant simplement ce visage que je n'aurais jamais imaginé voir tous les matins au réveil.

— Tu as changé d'avis ? demande-t-elle.

Je sais qu'au-delà du saut en parachute elle a peur pour le mariage, peur que je ne veuille plus de cette vie que nous sommes en train de construire. Elle n'a pas encore compris que seule elle me rendra heureux.

— Je voulais juste te dire que je t'aime.

Un large sourire étire ses lèvres. Je sais que je viens d'effacer ses doutes avec ces trois petits mots. Elle détourne le regard pour fixer le vide, puis s'appuie fermement contre mon torse, l'air déterminé.

— On y va. Je ne veux pas être en retard pour notre dernière soirée de non-mariés.

Je lâche un rire rauque sans le contrôler en pensant à ce qui nous attend. Nous ne voulions pas faire d'enterrement de vie de jeune fille et de vie de garçon, alors nous avons juste prévu une petite fête avec nos proches… Et j'avoue avoir hâte que cette soirée passe pour pouvoir profiter de ma future femme pleinement.

Je me jette dans le vide à ses côtés, sans la moindre hésitation. C'est tout ce que j'ai toujours voulu. Sauter dans l'inconnu, Mia dans les bras.

Et ce n'est que le début.

Remerciements

Quand j'ai commencé ce roman, je n'ai pas du tout pensé qu'il finirait si vite en magasins. Et pourtant... le voilà. Et je ne réalise toujours pas. J'ai tellement de personnes à remercier ! Sans elles, ce roman ne serait pas là aujourd'hui.

Merci à Roxane, mon éditrice. Merci pour le travail poussé que tu as réalisé sur mon roman et pour toutes les améliorations que tu m'as permis d'apporter. J'ai appris beaucoup grâce à toi, et cette romance ne serait pas la même sans ta présence.

Merci aussi à toute l'équipe de la maison d'édition ! Pour la couverture, la communication... Je suis sincèrement heureuse de cette nouvelle aventure à vos côtés et j'espère que ce n'est que le début !

Merci à mes meilleurs amis, Anne-Sophie, Adélie, Victor, Camille et Chloé T., d'être toujours à mes côtés, que ce soit pour le meilleur ou pour le pire (je ne compte pas vous demander en mariage).

Merci à Laurène, ma coloc d'amour qui supporte mon écriture au quotidien et avec qui je fête chaque bonne nouvelle ! Tu rends ma vie plus belle chaque jour.

Merci aussi à mes Winx : ma Lyla, Maxandre et Louise. Je vous l'ai déjà dit, vous êtes mes rayons de soleil.

Merci à ma famille (coucou, papa, mon conducteur de fauteuil roulant, c'est lui qui me dit d'écrire ça à l'instant). Merci d'être toujours près de moi, même quand je suis un peu enquiquinante (le premier qui dit que c'est plus qu'un peu je mets du savon dans l'eau de ses pâtes). Plus sérieusement, papa, maman, mes frères, mon papi : merci d'avoir fait de moi celle que je suis aujourd'hui.

Merci aussi à Éloise, Chloé, Jennifer, Lyna, Quitterie,

Anastasia... Merci à chaque personne qui me soutient au quotidien.

Enfin, merci à mes lecteurs d'avoir cru en l'histoire de Mia et Max bien avant qu'elle ne soit écrite. S'ils sont entre vos mains aujourd'hui, c'est grâce à vous.

Composé et édité par HarperCollins France.

Imprimé en mars 2024
par CPI Black Print (Barcelone)
en utilisant 100% d'électricité renouvelable.
Dépôt légal : avril 2024.

Pour limiter l'empreinte environnementale de ses livres, HarperCollins France s'engage à n'utiliser que du papier fabriqué à partir de bois provenant de forêts gérées durablement et de manière responsable.

Imprimé en Espagne.